ÉTUDE DES DANGERS

DE

L'HYPOTHÈQUE LÉGALE DE LA FEMME MARIÉE

ET DES

REMÈDES QUI POURRAIENT Y ÊTRE APPORTÉS

THÈSE POUR LE DOCTORAT

Présentée et soutenue le vendredi 9 novembre 1900, à 8 h.

PAR

Gaston COURJEAN

Président : M. PLANIOL.

Suffragants : { MM. Léon MICHEL, *professeur.*
Ambroise COLIN, *agrégé.*

PARIS

Librairie Nouvelle de Droit et de Jurisprudence

ARTHUR ROUSSEAU, ÉDITEUR

14, RUE SOUFFLOT ET RUE TOULLIER, 13

1900

THÈSE

POUR LE DOCTORAT

ÉTUDE DES DANGERS

DE

L'HYPOTHÈQUE LÉGALE DE LA FEMME MARIÉE

ET DES

REMÈDES QUI POURRAIENT Y ÊTRE APPORTÉS

THÈSE POUR LE DOCTORAT

L'ACTE PUBLIC SUR LES MATIÈRES CI-APRÈS

Sera soutenu le vendredi 9 novembre 1900, à 8 heures

PAR

Gaston COURJEAN

Président : M. PLANIOL.

Suffragants : { MM. Léon MICHEL, *professeur.*
Ambroise COLIN, *agrégé.*

PARIS

Librairie Nouvelle de Droit et de Jurisprudence

ARTHUR ROUSSEAU, ÉDITEUR

14, RUE SOUFFLOT ET RUE TOULLIER, 13

1900

ÉTUDE

DES

DANGERS DE L'HYPOTHÈQUE LÉGALE

DE LA FEMME MARIÉE

ET DES REMÈDES QUI POURRAIENT Y ÊTRE APPORTÉS

INTRODUCTION

L'hypothèque, par son caractère de droit réel, engendre au profit de son titulaire deux droits importants : le droit de préférence et le droit de suite.

Nous savons en quoi consistent ces deux droits : le premier procure au créancier hypothécaire l'avantage d'être payé sur le prix de l'immeuble donné en garantie par priorité aux créanciers hypothécaires inférieurs en rang et à tous les créanciers chirographaires du débiteur grevé ; quant au second, il permet à ce même créancier de suivre l'immeuble hypothéqué entre les mains des tiers acquéreurs.

Le droit de préférence s'exerce donc vis-à-vis des créanciers chirographaires ou des créanciers ayant une hypothèque postérieure, le droit de suite à l'encontre des acquéreurs ou détenteurs de l'immeuble hypothéqué.

L'exercice de ces droits est, on le conçoit, de nature à porter le plus grave préjudice aux tiers qui contracteraient avec le débiteur grevé ; en effet les créanciers qui ont suivi la foi de ce dernier peuvent voir le prix des biens qui forment leur gage absorbé par la mise en œuvre du premier des droits dont nous venons de parler : supposons, en effet, que l'immeuble hypothéqué soit vendu ; une fois le prix déterminé, les créanciers hypothécaires seront d'abord payés suivant leur rang ; quant aux créanciers chirographaires, ils ne seront désintéressés qu'autant qu'il restera un reliquat disponible après que les créanciers hypothécaires auront touché le montant de leurs créances ; et ce reliquat, s'il existe, sera distribué entre ces créanciers chirographaires, au marc le franc, sans aucun égard à la date de leurs créances.

De son côté l'acquéreur d'un immeuble hypothéqué peut se voir dépossédé par l'exercice du droit de suite qui appartient, ainsi que nous l'avons dit plus haut, aux créanciers hypothécaires.

Il était nécessaire, néanmoins, dans l'intérêt public et dans l'intérêt du débiteur lui-même que les créanciers vigilants pussent se mettre à l'abri des fluctuations qui pourraient se produire dans le patrimoine de leur débiteur ou échapper à la loi du concours ; c'est dans ce but que l'hypothèque a été créée.

L'hypothèque est une institution qui se justifie par son utilité et peut-être même par sa nécessité. Elle répond à un besoin social ; elle met entre les mains du propriétaire un instrument de crédit qui fortifie et complète son crédit personnel. La propriété foncière n'est plus, à notre époque, qu'un objet de revenus et de placement de capitaux. Or, l'accroissement de la valeur des immeubles dépend avant tout du développement du crédit territorial. Mais, l'expansion du crédit réel est essentiellement subordonnée à la sécurité des transactions immobilières. Pour que le propriétaire trouve des bailleurs de fonds, il faut que les tiers aient la certitude de faire en achetant ou en prêtant sur hypothèque un placement solide de leurs capitaux. Si le capitaliste craint de voir son gage ou l'objet de son acquisition lui échapper par l'effet d'une éviction dont la cause lui est actuellement inconnue, il refuse son concours au propriétaire foncier ou ne le lui accorde qu'à des conditions très dures. Il faut qu'il soit sûr, à moins d'accidents ou de fléaux imprévus, d'être payé sur le prix de l'immeuble hypothéqué (1).

Ainsi que nous l'avons vu, l'hypothèque assure de grands avantages à celui qui en est investi ; mais il est de toute nécessité que cette garantie, tout en protégeant son titulaire ne porte pas préjudice aux tiers qui voudraient contracter avec le débiteur grevé.

(1) Baudry-Lacantinerie et de Loynes, *Du nantissement, des privilèges et hypothèques*, préface, p. 33 et s.

Notre législation s'est toujours efforcée de porter à la connaissance des tiers l'acquisition de tout droit susceptible de procurer à un créancier un avantage sur la masse des autres créanciers ; en matière de droit de préférence, par exemple, la loi a déterminé d'une façon rigoureuse les conditions moyennant lesquelles ce droit pourrait prendre naissance ; c'est ainsi qu'en ce qui concerne le gage, la loi a mis trois conditions à l'acquisition du droit de préférence qui résulte de ce contrat :

1° Une convention qui doit être constatée par un écrit ayant date certaine lorsque la valeur excède 150 francs ; 2° l'énonciation de la somme due et celle des choses remises en gage (art. 2074, C. civ.) ; 3° la remise effective de l'objet aux mains du créancier ou d'un tiers convenu entre les parties. Cette dernière condition est destinée à empêcher que les autres créanciers du débiteur ne soient trompés : la raison d'être du privilège étant uniquement dans la convention, il faut que cette convention se manifeste par son exécution même aux yeux de quiconque voudrait traiter avec le débiteur, autrement ceux qui prêteraient au débiteur sur la foi de sa fortune mobilière apparente, seraient victimes d'une illusion.

En ce qui concerne l'antichrèse, le droit du créancier antichrésiste est aussi astreint à certaines conditions de publicité ; outre la nécessité de la rédaction d'un écrit même pour une valeur inférieure à 150 francs, le contrat d'antichrèse doit être transcrit (L. du 23 mars 1855, art. 2 et 3) ; de plus, le créancier doit être mis en possession de la chose faisant l'objet de l'antichrèse.

La loi a donc pris un ensemble de précautions pour que les tiers fussent renseignés sur l'étendue de la brèche qu'une dation en gage ou en antichrèse pouvait opérer dans le patrimoine de la personne qui avait ainsi engagé son bien.

Si les contrats qui engendrent le droit de préférence doivent se révéler aux tiers d'une façon non équivoque, à plus forte raison doit-il en être de même pour ceux qui font naître au profit de leur titulaire le droit de préférence et le droit de suite, pour l'hypothèque notamment.

Les Grecs, les premiers avaient bien compris cette nécessité, eux qui plaçaient sur les fonds grevés d'hypothèque des bornes ou enseignes ὅροι mentionnant les noms du créancier et du débiteur et le montant de la dette.

Les Romains eux-mêmes qui cependant n'ont jamais, à proprement parler, pratiqué la publicité de l'hypothèque, avaient pris certaines précautions pour empêcher la fraude. C'est ainsi que, pour éviter que le débiteur n'antidatât l'acte constitutif de l'hypothèque, on institua le crime de stellionat et que, plus tard, l'empereur Léon décida que l'hypothèque constituée par acte public ou quasi-public, c'est-à-dire revêtu de la signature de trois témoins dignes de foi, l'emporterait toujours sur l'hypothèque même antérieure si elle était constatée par écriture privée, et qu'entre plusieurs hypothèques résultant d'actes publics ou quasi-publics, le rang serait déterminé par la date des actes (1).

Notre ancien droit, à son tour, exigea que la date du contrat hypothécaire fût établie d'une manière certaine. L'usage s'introduisit de constater d'une façon solennelle l'échange des consentements. Dans ce but, on eut recours à l'assistance de témoins, à la rédaction de lettres scellées et l'ordonnance de 1566 fit passer de plus en plus dans les mœurs la nécessité d'un acte authentique pour la constitution d'hypothèque.

Toutefois, à côté de cette publicité rudimentaire, les pays dits de nantissement exigeaient pour l'efficacité de l'hypothèque l'accomplissement de certaines formalités qui consistaient notamment dans une inscription sur un registre tenu au greffe de la justice du lieu de la situation de l'immeuble.

Deux édits rendus l'un par Henri III en juin 1581 et l'autre par Henri IV en juin 1606 essayèrent de généraliser ce mode de procéder ; mais ces tentatives restèrent infructueuses.

Plus tard, un édit rendu sous l'inspiration de Colbert en mars 1673 instituait bien la publicité des hypothèques au moyen d'oppositions enregistrées à un greffe spécial institué dans chaque bailliage ou sénéchaussée ; mais cet édit n'eut aucune application.

____

(1) L. II, C., *qui potiores in pignore* (VIII, 18).

Il faut arriver jusqu'en 1771 pour trouver l'édit de juin
de la même année qui, substituant les lettres de ratifi-
cation à la procédure du décret volontaire, sauvegarde
les droits des tiers acquéreurs.

Restait à organiser une publicité suffisante pour permettre aux créanciers d'un débiteur de traiter avec
celui-ci en toute sécurité. Les assemblées de la Révolu-
tion s'efforcèrent d'organiser le régime hypothécaire de
façon à donner toute sécurité aux acquéreurs et aux
créanciers.

Par une loi du 9 messidor an III, la Convention con-
sacrait le principe de la spécialité de l'hypothèque quant
à la créance garantie ; mais elle n'exigeait pas le principe de la spécialité du gage hypothécaire.

Cette loi n'eut aucune application et fut remplacée
par celle du 11 brumaire an VII qui exigea que toute
stipulation volontaire d'hypothèque fasse connaître la
nature et la situation des immeubles hypothéqués ; elle
prohiba l'hypothèque des biens à venir. De plus, toutes
les hypothèques sans exception devaient être inscrites
sur le registre du conservateur des hypothèques de l'arrondissement dans lequel était situé l'immeuble grevé.
Enfin il était indispensable que l'inscription mention-
nât exactement la somme pour laquelle elle était prise
ou l'évaluation de la créance si celle-ci était indéterminée.

Les intérêts des tiers acquéreurs étaient enfin sau-
vegardés par l'organisation d'une purge des hypothè-

ques analogue à celle que nous trouvons dans le Code.

Ainsi que nous pouvons le constater par le bref exposé des législations anciennes que nous venons de faire, le principe de la publicité et celui de la spécialité semblent avoir été de tout temps admis comme un correctif aux dangers que l'hypothèque faisait courir aux tiers. Cependant, lors de la rédaction du Code civil, la nécessité de l'application de ces deux principes ne semble pas s'être imposée avec la même force à tous les esprits. C'est ainsi que Bigot-Préameneu ne craignait pas de présenter le système de la publicité comme une atteinte au secret des affaires de famille : « Il n'est, disait-il, presque aucune affaire, aucun événement de famille qui ne soit l'occasion d'une hypothèque.

Il faudrait pour exiger de tous les citoyens une renonciation absolue à tout secret sur ce qu'ils ont de plus intime et de plus précieux non seulement qu'il n'y eût pas de doute sur l'utilité d'un pareil dévoilement, mais encore que la nécessité en fût clairement démontrée (1).

Le principe de la spécialité ne trouvait pas grâce non plus devant le rapporteur ; c'est ainsi qu'il prétendait que l'inscription limitée aux biens présents était contraire au droit de propriété : « On ne peut pas restreindre, disait-il, aux biens présents du débiteur la faculté de les hypothéquer, tandis que, jusqu'alors on avait

____

(1) Fenet, *Recueil complet des travaux préparatoires du Code civil*, t. 15, p. 232 et s.

mis au nombre des biens qu'il pouvait donner pour
gage même ses biens futurs. En second lieu, l'idée de
réduire les inscriptions indéterminées sous prétexte que
ces inscriptions seraient trop fortes est inadmissible, parce qu'un pareil droit donné au débiteur serait
contraire à la nature de son engagement (1).

Ces objections semblent maintenant paradoxales. Au
moyen de la publicité, les transactions portent sur des
données certaines, et deviennent susceptibles d'une ex-
actitude mathématique. Le prêteur n'a pas à craindre
de se voir primer au moment de l'ordre, par une foule
de créanciers dont il n'a même pas pu soupçonner l'existence. De même l'acquéreur n'est pas exposé au malheur
de payer deux fois, il connaît les véritables créanciers
de son prix et lorsqu'il a payé il n'a plus à craindre des
réclamations impuissantes par cela seul qu'elles seraient irrégulières ou tardives (2).

Les considérations qui justifient la publicité de l'hypothèque en motivent la spécialité : quand on sait d'une
part quels sont les immeubles affectés à l'hypothèque
et d'autre part quel est le montant de la créance garantie par cette hypothèque, on peut apprécier exactement
l'étendue de la brèche que la constitution de l'hypothèque ouvre dans le crédit hypothécaire du débiteur.

Quoi qu'il en soit, malgré les tentatives qui furent
faites, lors de la rédaction du Code civil, pour amener

(1) Fenet, *ibid.*, t. 15, p. 250 et s.
(2) *Thémis*, t. IV, p. 356.

un retour au caractère occulte des hypothèques, il fut établi comme règle générale que les hypothèques ne prendraient rang et ne seraient opposables aux tiers qu'à la condition d'être inscrites et à compter de la date de cette inscription.

Ce résultat toutefois ne fut obtenu qu'après des discussions prolongées et moyennant une transaction soutenue surtout par le premier consul et qui dispensait de l'inscription notamment l'hypothèque légale de la femme mariée.

En même temps que la publicité et la spécialité étaient imposées en matière hypothécaire pour atténuer les effets dangereux que comportent les hypothèques, le droit de suite qu'elles engendrent était limité. Le tiers détenteur peut en effet s'en affranchir à la condition de remplir les formalités prescrites par les articles 2181 et suivants du Code civil et l'article 6 de la loi du 23 mars 1855 dispose qu'à partir de la transcription d'un acte translatif de propriété, les créanciers privilégiés ou ayant hypothèque, aux termes des articles 2123, 2127 et 2128 du Code civil, ne peuvent prendre utilement inscription sur le précédent propriétaire.

Ce droit de suite enfin que le législateur de 1804 n'admettait qu'entouré d'une certaine publicité ne fut pas accordé aux droits réels portant sur les meubles : c'est ainsi que l'hypothèque des meubles ne passa pas dans notre droit ; on estimait et avec juste raison qu'il était impossible d'organiser d'une manière efficace la publicité des hypothèques sur les meubles qui, à la différence des immeubles, n'ont pas d'assiette fixe et dont il était souvent difficile d'établir l'individualité ; de plus l'exercice des droits résultant des privilèges spéciaux sur meubles, de ceux notamment qui dérivent d'un nantissement exprès ou tacite, qui reposent sur une idée de gage réel ou de gage supposé d'après l'intention des parties, fut subordonné à la détention par le créancier privilégié de l'objet sur lequel portait le droit, à l'exception toutefois du privilège du bailleur qui était armé dans une certaine mesure de droit de revendication.

Ainsi donc, les législateurs du Code civil avaient compris que le principe de la publicité et de la spécialité en matière de constitution de droits réels était essentiellement conservateur de la propriété, créateur du crédit public et du crédit particulier ; aussi ne dispensèrent-ils d'inscription les hypothèques légales que parce qu'ils estimaient que la loi doit défendre celui qui ne peut se défendre lui-même.

La dispense d'inscription accordée à la femme mariée était illimitée et absolue.

Elle était illimitée et survivait à la dissolution du mariage. Or, cette faveur basée sur l'état de dépendance de l'incapable était sans cause du jour où la femme avait recouvré son indépendance. Elle pouvait compromettre les intérêts des tiers que n'avertissait plus la publicité qui entoure le mariage. Le danger est surtout redoutable pour les tiers acquéreurs exposés aux poursuites des créanciers investis d'hypothèques légales dispensées d'inscription, du chef des précédents propriétaires dont ils peuvent facilement ignorer le nom ou l'état civil.

Sans doute les acquéreurs peuvent échapper à ce péril en remplissant les formalités de la purge dite légale ; mais les prêteurs sont exposés à perdre leur gage et les avantages en vue desquels ils ont stipulé. La loi les abandonnait sans défense.

La dispense de publicité n'était pas seulement illimitée dans le temps ; elle était absolue quant aux personnes appelées à en invoquer le bénéfice.

Elle profitait non seulement à la femme mais à tous ceux qui avaient le droit d'invoquer l'hypothèque légale, notamment aux subrogés à l'hypothèque légale de la femme. Entre les subrogés successifs, l'efficacité de la subrogation n'était subordonnée à aucune condition de publicité ; l'ordre des préférences se déterminait par la date des subrogations.

Malgré son désir de protéger la femme mariée, le législateur ne pouvait négliger absolument les intérêts des tiers ; aussi s'est-il efforcé dans les articles 2136, 2138 et 2139 de rendre publique l'hypothèque légale de la femme. Il a imposé à certaines personnes et il a accordé à d'autres la faculté de faire inscrire cette hypothèque. Mais l'expérience a prouvé que les dispositions édictées à cette fin sont à peu près inefficaces. L'auto-

risation octroyée aux parents de la femme d'effectuer
l'inscription de l'hypothèque légale n'engage à aucun
égard leur responsabilité. Il en est de même de l'obligation incombant aux procureurs de la République de
prendre inscription pour la femme mariée ; elle n'a
d'autre garantie que la vigilance et la fermeté du magistrat. Cette disposition est tombée en fait en désuétude non seulement à cause des difficultés que rencon-
trait son application, mais surtout parce que l'ingérence
des magistrats du parquet dans les intérêts des familles
offenserait de légitimes susceptibilités ; quant aux maris
que la loi charge en première ligne de pourvoir à la publicité de l'hypothèque légale, l'obligation dont ils sont
tenus est dépourvue de toute sanction effective.

Le Code civil déclare bien stellionataire le mari qui
a consenti ou laissé prendre hypothèque sur ses immeubles sans s'expliquer sur l'hypothèque légale, dont
ses immeubles sont grevés. Cette disposition pouvait,
jusqu'à un certain point, assurer l'inscription de l'hypothèque légale de la femme mariée à l'époque où le
stellionat entraînait la contrainte par corps, mais aujourd'hui que la contrainte par corps n'existe plus en
matière civile, cette sanction a perdu toute sa portée.

L'hypothèque légale de la femme mariée n'est pas
seulement clandestine, elle est encore générale et indéterminée. Elle s'étend à tous les immeubles présents et
à venir du mari, même à ceux qui lui adviennent à un
titre quelconque, même après la cessation de la cause

d'incapacité à raison de laquelle ses immeubles sont affectés (1). Cette exception au principe de la spécialité subsiste même dans les cas où l'hypothèque légale arrivée au terme de son évolution doit se manifester par l'inscription ; il suffit que cette inscription énonce qu'elle est prise sur la généralité des biens du débiteur. Ainsi formulée, l'inscription frappe tous les immeubles que le grevé possède actuellement ou qu'il pourra acquérir dans l'arrondissement du bureau hypothécaire où elle a lieu, sans qu'il soit nécessaire de prendre de nouvelles inscriptions à chaque acquisition faite ultérieurement par le mari.

Le Code civil a permis cependant de restreindre à certains immeubles déterminés l'hypothèque légale de la femme, soit au moment où elle va naître, par le contrat de mariage, soit au cours de l'union conjugale, lorsque la valeur des immeubles grevés excède notoirement les sûretés nécessaires à la femme. Mais, malgré ces restrictions, l'hypothèque conserve son caractère de généralité. Lorsque la restriction de l'hypothèque légale résulte du dégrèvement de certains immeubles, l'hypothèque reste générale, en ce sens qu'elle affecte tous les immeubles qui n'en ont pas été expressément affranchis. Pour que l'hypothèque perde son caractère de généralité, il faut qu'elle soit réduite par voie de spécialisation, c'est-à-dire par la détermination individuelle des immeubles qui y seront soumis.

(1) Cass., 17 juillet 1844, S. 44.1.641 ; Lyon, 23 nov. 1850, S. 51. 2.87.

La faculté de restreindre le gage hypothécaire des incapables rencontre de sérieux obstacles soit dans la minorité de la femme mariée, soit dans la procédure longue et coûteuse qu'on doit suivre lorsque la réduction est demandée pendant le mariage.

Générale quant aux immeubles qu'elle affecte, l'hypothèque légale de la femme est indéterminée quant aux sommes qu'elle garantit, même dans le cas où la restriction de l'hypothèque a pour effet de la spécialiser. La créance de la femme mariée procédant d'une série d'actes de gestion ou d'aliénation, la situation du débiteur vis-à-vis du créancier peut être successivement modifiée jusqu'à l'apurement du compte d'administration. Il en résulte une impossibilité de fixer d'avance avec certitude le montant des droits ou des créances à garantir ; aussi la loi n'exige-t-elle pas que l'inscription de cette hypothèque légale contienne l'évaluation de la créance à recouvrer.

De vives critiques ne tardèrent pas à s'élever contre le système du Code. Formulées pour la première fois en 1812 par l'avocat Anthoine, ces objections se ravivèrent en 1819 sous la plume de Jourdan, un des collaborateurs de la *Thémis*, qui reprochait à l'œuvre du législateur de 1804 ses éléments hétérogènes, ses dispositions inapplicables, ses antinomies insolubles ne produisant que tourments pour les interprètes et procès pour les justiciables (1).

(1) *Thémis*, t. V, p. 228 et s.

Le mouvement de réaction contre le système du Code civil s'accentua de plus en plus. Tandis que la question était traitée avec la plus grande hardiesse par M. Decourdemanche dans son étude *Du danger de prêter sur hypothèque*, Casimir-Périer ouvrait un concours sur les moyens de réorganiser le système hypothécaire en lui donnant une base à la fois plus large et plus solide.

La question ne tarda pas à être soumise à la tribune des assemblées politiques. Dans la séance du 16 avril 1836, un membre de la Chambre des députés déclara que la révision du titre des hypothèques ne pouvait avoir d'autres bases que l'application sans réserve du principe de la publicité : « La publicité, disait-il, est la première condition de tout régime hypothécaire ; mais cette publicité n'est-elle pas rendue illusoire et dangereuse par les hypothèques occultes des incapables? Ne pourrait-on pas compléter cette idée salutaire de publicité en l'imposant à tous les droits qui affectent la propriété et qui la montrant toujours telle qu'elle est, lui rendraient la confiance des capitaux et par suite toute valeur et tout crédit. »

Et le président de la Chambre, M. Dupin, intervenant dans le débat, constatait qu'il y avait un contre-sens dans la législation hypothécaire du Code civil, et dénonçait avec la plus grande netteté les dangers que cet état de choses faisait courir aux prêteurs sur hypothèque et aux propriétaires fonciers (1).

(1) Ch. des députés, séance du 16 avril 1836, *Moniteur*, 1836, p. 769 et s.

Quelques années après, Martin du Nord, alors garde
des sceaux, résolut de mettre à l'étude une réforme d'ensemble du régime hypothécaire. Par une circulaire du
7 mai 1841, la Cour de cassation. les Cours d'appel et
les Facultés de droit furent invitées à faire connaître
leur opinion motivée sur les conditions générales auxquelles devait satisfaire la révision du Code hypothécaire de 1804. L'enquête de 1841 fut publiée en 1844
par ordre du Gouvernement. Elle constitue la critique
la plus complète de notre régime hypothécaire. Les
cours et facultés sont unanimes à réclamer le retour aux
principes de la loi de brumaire an VII. Avec une logique
irrésistible, elles démontrent la nécessité de soumettre
l'hypothèque légale à l'inscription et à la détermination.
« Le crédit de la terre, déclare la Cour de Bastia, ne
peut se fonder que sur la notoriété du bilan de chaque
immeuble : vouloir l'établir et proclamer en même
temps l'existence de charges occultes, c'est associer
deux idées inconciliables et poursuivre une chimère.
Les hypothèques légales frappent d'une sorte d'interdit la plus grande partie du sol français (1).

Quant à la Faculté de droit de Paris, après avoir posé
la règle de la publicité et de la spécialité de l'hypothèque
même légale, elle suggère le moyen de concilier l'application de ce principe absolu avec les intérêts des incapables : ce serait d'admettre les maris à suppléer à la

(1) *Documents relatifs au régime hypothécaire et aux réformes qui
ont été proposées*, t. II, p. 201.

garantie hypothécaire par une sûreté d'une autre nature, par exemple par une caution.

Une commission fut instituée à l'effet de préparer
les bases d'un projet de loi sur la matière. Ce projet fut
présenté à l'Assemblée nationale dans la séance du
4 avril 1850 et renvoyé à une commission parlemen-
taire. M. de Vatimesnil fut nommé rapporteur. Re-
cueillant le vœu unanime de l'enquête de 1841, la commission réclamait le retour au principe de la publicité
absolue de la loi de brumaire. « Le système du Code
civil, déclarait M. de Vatimesnil dans son rapport, a
été soumis à une expérience de près d'un demi-siècle.
Il est maintenant jugé. Il faut revenir à la publicité
complète et absolue. Pour que le crédit foncier existe
d'une manière réelle, il est indispensable que toutes
les charges hypothécaires se manifestent clairement
aux yeux des prêteurs ; que ceux-ci puissent juger par
leurs propres lumières de la situation de l'emprunteur ;
qu'en un mot, pour faire le bilan immobilier du pos-
sesseur d'une maison ou d'une ferme, il suffise d'effectuer une addition ou une soustraction. »

En conséquence le projet de loi assujettissait à la
publicité tous les droits réels ; il appliquait dans toute
sa rigueur aux hypothèques légales le principe de la publicité et de la spécialité. Légale ou conventionnelle,
l'hypothèque n'aura de rang et ne produira d'effet que
du jour de son inscription et cette inscription ne pourra
être prise que pour une somme déterminée sur des im-

meubles spécifiés par leur nature et leur situation.

Quant aux mesures destinées à la conservation des droits des incapables, notamment de la femme mariée, elles étaient étudiées avec le plus grand soin. Les auteurs du projet n'abandonnent pas à la discrétion des parents ou alliés des incapables le soin de requérir cette inscription ; ils font peser cette obligation en première ligne sur le notaire qui a reçu le contrat de mariage, à peine de 100 francs d'amende et même de destitution (1).

Quand le projet vint en discussion devant l'Assemblée législative, il fut l'objet de vives critiques. Sur l'initiative de Demante, l'Assemblée se prononça pour le maintien de l'hypothèque légale des incapables générale et clandestine, tout en accordant à la femme la faculté de renoncer à son hypothèque par le contrat de mariage et en imposant aux veuves l'obligation de prendre inscription dans l'année de la cessation de l'incapacité (2).

La discussion renvoyée à une séance ultérieure pour permettre à la commission d'examiner les amendements déposés n'avait pas encore été reprise quand survinrent les événements qui mirent fin à l'existence de l'Assemblée législative.

Le 11 mai 1853, on présenta au Corps législatif un nouveau projet fort écourté où il s'agissait seulement

(1) Art. 2130 à 2144 du projet.
(2) Séances des 8 janvier et 12 février 1850, *Moniteur*, p. 70 et 460

de restaurer le principe de la publicité de la loi du 11 brumaire de l'an VII et d'en déduire les conséquences « choisies parmi celles qui n'ont rencontré aucune opposition (1) ». En conséquence, toutes les innovations de nature à réagir sur les dispositions du Code civil et principalement l'application du principe de la publicité et de la spécialité aux hypothèques légales étaient de parti pris éliminées. Les préoccupations politiques de l'époque n'étaient pas étrangères à cette détermination.

C'est ce projet qui aboutit à la loi du 23 mars 1855. Nous avons vu que dans le système du Code civil de 1804, la dispense d'inscrire les hypothèques légales du mineur et de la femme mariée échappait à toute restriction quant à sa durée et aux personnes appelées à en jouir. C'était un avantage survivant indéfiniment à la cessation du mariage et même transmissible par subrogation. Le législateur de 1855 a jusqu'à un certain point tenu compte des critiques unanimes qu'un privilège aussi excessif avait suscitées lors de l'enquête de 1841. D'une part, l'article 8 de la loi du 23 mars 1855 exige la publicité de l'hypothèque légale des incapables après la cessation de la cause d'incapacité à laquelle cette garantie est attachée. Ainsi l'hypothèque légale de la femme mariée doit, sous peine de perdre son rang, se manifester dans l'année qui suit la dissolution du mariage.

(1) Exposé des motifs.

L'hypothèque légale de la femme mariée doit donc être rendue publique à un moment donné de son existence ; mais il n'en est pas moins vrai qu'elle est clandestine depuis sa naissance jusqu'au terme extrême fixé pour son inscription par l'article 8 de la loi du 23 mars 1855, à moins que l'immeuble grevé ne soit exproprié pour cause d'utilité publique ou vendu sur saisie immobilière (1).

En dehors de ces deux cas exceptionnels où l'inscription est nécessaire pour la conservation du droit de suite, la seule voie pour faire apparaître l'hypothèque légale avant l'échéance du délai imparti par l'article 8 de la loi du 23 mars 1855 est la purge spéciale que les articles 2193 et 2194 ouvrent aux tiers détenteurs et nous verrons bientôt combien cet expédient de la purge est illusoire. Le Code n'assure donc la publicité de l'hypothèque légale que d'une manière indirecte et par intermittence.

En ce qui concerne les conventions que la femme peut faire, relativement à son hypothèque, des lois postérieures au Code les ont assujetties à une certaine publicité ; c'est ainsi que la loi du 23 mars 1855 dont nous venons de nous occuper, prévoyant le cas de cession ou de renonciation de la femme à son hypothèque, au profit de créanciers, exige l'inscription de cette hypothèque

_____

(1) Loi du 3 mai 1841, art. 7 ; loi du 25 mai 1858 modifiant l'article 717 du Code de procédure.

ou la mention de la subrogation, en marge de l'inscription préexistante.

D'autre part, la loi du 13 février 1889 dispose que l'acte contenant renonciation par la femme à son hypothèque au profit d'un acquéreur doit être transcrit, et que dans le cas où la renonciation est contenue dans un acte séparé, mention de cette renonciation doit être faite en marge de l'acte transcrit.

Le rapide exposé que nous venons de faire montre bien qu'on s'est aperçu de bonne heure des imperfections de notre régime hypothécaire.

Depuis la promulgation du Code civil de nombreuses réformes ont été tentées pour atténuer les dangers que présentaient les hypothèques légales dispensées d'inscription ; seules quelques modifications de détail ont abouti ; il reste encore beaucoup à faire en cette matière. Un régime hypothécaire n'a en effet sa raison d'être qu'autant qu'il a pour résultat de « raffermir le crédit, encourager l'agriculture, rassurer le commerce et l'industrie », et l'hypothèque, à la bien considérer, ne se justifie qu'en jouant un rôle protecteur et en portant en elle-même son remède par une sage limitation.

Or, il est aisé de prouver que l'hypothèque légale de la femme mariée est plus nuisible que toute autre aux tiers et de plus qu'elle est inefficace pour protéger la femme mariée.

Nous nous proposons d'indiquer, dans un premier chapitre, les inconvénients que la clandestinité et le caractère indéterminé de l'hypothèque légale de la femme mariée entraînent non seulement pour les tiers mais pour le mari et la femme elle-même ; dans un second chapitre, nous examinerons les remèdes qui pourraient y être apportés.

CHAPITRE PREMIER

DANGERS DE L'HYPOTHÈQUE LÉGALE DE LA FEMME MARIÉE.

§ 1er. — L'hypothèque légale de la femme mariée est nuisible au mari et aux tiers.

L'hypothèque légale de la femme mariée porte la plus grave atteinte au crédit du mari et aux intérêts des tiers.

Elle est générale quant aux immeubles qu'elle affecte et indéterminée quant aux créances qu'elle garantit. C'est surtout par ce dernier caractère qu'elle est nuisible au mari.

Aux termes de l'article 2121 du Code civil, auquel d'après la doctrine et une jurisprudence constante l'article 2135 du même Code n'apporte aucune limitation, l'hypothèque légale de la femme mariée assure le paiement de toutes les créances qui, à l'occasion ou au cours du mariage, peuvent naître au profit de celle-ci contre son mari (1).

Indépendamment des créances que le Code énumère parmi celles que garantit l'hypothèque légale de la femme mariée et dont il est possible sinon d'évaluer

(1) Cass., 25 fév. 1891, S. 91.1.157.

l'importance approximative, du moins de prévoir l'existence et qui résultent du contrat de mariage ou d'actes postérieurs, il en est que nul acte ne peut constater. Le mari est responsable notamment des fautes qu'il commet dans l'administration des biens personnels de sa femme, par exemple des dommages-intérêts auxquels il serait condamné pour avoir laissé dépérir les biens de sa femme faute de réparations d'entretien ou pour n'avoir pas fait transcrire une donation à elle faite ou pour avoir laissé s'accomplir contre elle la prescription de ses biens dotaux (C. civ., art. 1561). Or c'est là une obligation qui nécessairement est d'une nature indéterminée et qui n'est susceptible d'être appréciée qu'à la fin de la gestion maritale.

D'autres causes d'accroissement de l'hypothèque légale dont la loi n'ordonne pas la publicité existent encore : il en est ainsi des créances résultant au profit de la femme des successions qui lui sont échues ou des donations qui lui ont été faites pendant le mariage, des récompenses qui lui sont dues à raison des dettes contractées par elle conjointement et solidairement avec son mari.

On comprend dès lors le grave préjudice que cause au mari l'hypothèque légale de la femme à raison précisément du caractère éventuel et indéterminé des créances que cette hypothèque est destinée à protéger.

Pour les prêteurs hypothécaires, il y a impossibilité d'apprécier à sa juste mesure le crédit du mari. Si celui-ci veut emprunter hypothécairement sur les immeubles qu'il possède, l'hypothèque de la femme devient un obstacle presque insurmontable à cet emprunt.

Comment en effet établir le bilan du propriétaire foncier, alors que des hypothèques peuvent exister à l'état occulte en dehors des énonciations des registres de la conservation des hypothèques? Comment un prêteur soucieux de ses intérêts consentirait-il à prêter une somme quelconque sur des immeubles dont la valeur peut se trouver absorbée par une créance éventuelle dont il lui est impossible d'apprécier exactement le chiffre? Les capitaux se retirent donc et cela au grand préjudice de la fortune publique pour laquelle le crédit et particulièrement le crédit territorial est un élément important d'accroissement et de prospérité.

Dans la pratique, pour se prémunir contre les risques d'une situation aussi obscure, le tiers créancier n'a pas le choix des moyens. Privé du bénéfice de la purge, le seul parti qu'il ait à prendre est de se faire subroger à l'hypothèque de la femme ou d'exiger que celle-ci se porte caution et s'oblige solidairement avec son mari dans l'acte d'emprunt. Mais si la loi du 23 mars 1855 en soumettant par son article 9 à la double condition de l'authenticité et de la publicité la cession ou la renonciation de la femme à son hypothèque légale a garanti les tiers contre les fraudes auxquelles donnait lieu précédemment la clandestinité des actes, il n'en est pas moins vrai que cet expédient n'a aujourd'hui comme autrefois qu'un champ d'application assez limité et ne remédie dès lors que bien incomplètement aux défectuosités de notre système. Ainsi il ne saurait être question d'y recourir en ce qui concerne l'hypothèque destinée à garantir les reprises dotales de la femme mariée sous le régime dotal qui ne peut subroger les tiers à son hypothèque légale que relativement à ses reprises et créances paraphernales.

En dehors de cet inconvénient l'hypothèque légale dont ses biens sont grevés, engendre pour le mari une autre conséquence fâcheuse. De même qu'il trouvera difficilement des prêteurs, de même il ne pourra pas aliéner facilement ses biens personnels et même les conquêts de la communauté puisque, d'après l'opinion générale, les conquêts eux-mêmes sont atteints par l'hypothèque légale de la femme (1).

Les acquéreurs de la propriété foncière semblent cependant à première vue se trouver dans une situation moins défavorable que celle des prêteurs sur hypothèque. La loi leur offre en effet deux moyens de se soustraire aux conséquences de l'hypothèque légale.

D'une part, ils peuvent en remplissant les formalités de la purge légale forcer les hypothèques occultes à se révéler par l'inscription à peine de déchéance.

D'autre part, il résulte des dispositions combinées

(1) Bordeaux, 28 juin 1870, S. 70.2.326 ; Paris, 6 juin 1882, S. 85. 2.116.

de l'article 9 de la loi du 23 mars 1855 et de la loi du
13 février 1889 que, lorsque la femme a renoncé par
acte authentique à son hypothèque légale au profit de
l'acquéreur des immeubles qui en sont grevés, cette renonciation emporte l'extinction de l'hypothèque et vaut
purge à partir du jour où elle est rendue publique soit
par la transcription du titre de transfert si la renonciation y est contenue, soit par la mention faite en marge
de la transcription de ce titre si la renonciation a été
consentie par acte authentique distinct. Mais si on va
au fond des choses, on ne tarde pas à reconnaître que
ces deux combinaisons légales n'ont pas et ne sauraient
avoir en fait l'efficacité qu'on a pu en attendre.

Pour atteindre son but, la purge des hypothèques
légales devrait être peu dispendieuse et d'un facile ac-
cès. Cependant par suite des frais excessifs de cette
procédure, on est obligé d'y renoncer dans les acquisitions d'immeubles qui se font en détail ou qui concer-
nent les fonds de peu de valeur. C'est la remarque que
formulaient la plupart des corps judiciaires consultés
dans l'enquête de 1841 : « il est certain, déclarait la
Cour d'Angers, que presque aucun individu, acquéreur
pour un prix inférieur à 500 francs, par exemple, ne
peut se soumettre à de telles prescriptions, car elles lui
causeraient une dépense s'élevant au cinquième envi-
ron de la somme qu'il paye au vendeur (1). Le rapport

____

(1) *Doc. relatifs au régime hypothécaire et aux réformes qui ont été
proposées*, t. II, p. 690.

des frais de purge légale, relativement au prix principal des acquisitions est aujourd'hui encore plus élevé par suite des surtaxes d'enregistrement votées depuis 1871.

Dans les documents parlementaires et les discussions préparatoires de la loi du 13 février 1889, il a été constaté que pour les ventes de 200 francs, les frais de la purge des hypothèques légales atteignent et même dans certains cas dépassent l'importance du prix. Il n'y a que le Crédit foncier qui puisse, en vertu d'un privilège spécial qui lui a été concédé par le décret de 1852 et la loi du 10 juin 1853, purger en trois semaines, moyennant 15 ou 20 francs de frais. Pour les acquéreurs de la propriété foncière, la purge légale nécessite l'accomplissement de nombreuses formalités distinctes se succédant pendant une période de trois à quatre mois et coûte en moyenne de 120 à 150 francs. Aussi cet expédient rencontre fort peu de faveur auprès de la grande majorité des acquéreurs (1).

Le législateur a dû consacrer la combinaison née des besoins de la pratique qui consiste dans la renonciation de la femme du vendeur à son hypothèque au profit de l'acquéreur de l'immeuble grevé. Cette renonciation, dès lors qu'elle satisfait aux conditions énumérées par la loi du 13 février 1889, équivaut à la purge

(1) Le nombre annuel de ces procédures ne s'élève guère au delà de 10,000, ce qui représente 1/35 0/0 du total des ventes immobilières soumises à l'enregistrement.

et affranchit l'immeuble du droit de suite ne laissant à
la femme que son droit de préférence sur le prix. Mais
comme nous l'avons déjà fait remarquer au sujet des
subrogations en faveur des tiers créanciers, cette combinaison, excellente en elle-même, n'a malheureuse-
ment qu'une portée assez limitée puisqu'elle ne peut
être mise en œuvre qu'autant que la femme est mariée
sous un régime lui permettant de renoncer à son hypothèque ou qu'elle n'est pas mineure.

Le résultat de toutes ces entraves est d'apporter les
plus grandes difficultés dans les transactions immo-
lières.

Quand les tiers connaissent l'existence de l'hypothèque légale de la femme, ils reculent à cause des risques
qu'elle leur fait courir. S'ils l'ignorent, les conséquences sont aussi fâcheuses pour eux.

Qu'importe au tiers acheteur ou prêteur de connaître
exactement le chiffre de l'hypothèque conventionnelle
si la valeur de l'immeuble risque d'être absorbée à son
insu par une hypothèque tacite ou par une hypothèque
inscrite mais indéterminée.

Il peut arriver que le vendeur ou l'emprunteur cher-
che à dissimuler sa qualité d'homme marié pour vendre ou emprunter avec plus de facilité. Cela peut d'autant plus se produire que les affirmations mensongères
à cet égard sont dépourvues de toute sanction effective.
D'une part la peine du stellionat édictée par l'article 2136 du Code civil contre les auteurs de ces men-

songes a été supprimée par la loi du 22 juillet 1867 qui a aboli la contrainte par corps en matière civile et commerciale. D'autre part, ceux qui dissimulent ainsi leur état civil sont la plupart du temps insolvables et par suite aucun recours ne peut être exercé contre eux.

Récemment encore, le prêteur ne disposait d'aucun moyen d'investigation pour s'assurer que le propriétaire de l'immeuble n'était pas marié. Le mariage n'est pas entouré d'une notoriété suffisante pour que les tiers en soient avertis. Une loi récente du 17 août 1897 s'est efforcée de remédier à cet état de choses en prescrivant la mention de la célébration du mariage en marge de l'acte de naissance des époux.

L'exposé des motifs fait ressortir l'intérêt de cette mesure à notre point de vue : « C'est en se plaçant non seulement au point de vue criminel, mais encore au point de vue purement civil que l'on peut constater les graves inconvénients qui résultent du défaut de publicité du mariage. Ainsi un homme qui est marié se dit célibataire pour contracter plus facilement un emprunt. Le prêteur qui n'a aucun moyen de contrôler son assertion, effectue le prêt, même sur hypothèque consentie par l'emprunteur et lorsqu'il veut se faire rembourser, il se trouve en présence de l'hypothèque légale de la femme qui a le grave inconvénient de valoir et d'être opposable aux tiers sans inscription et de primer même les hypothèques inscrites. La publicité du mariage aurait pour effet de rendre cette fraude impossible et équi-

vaudrait en quelque sorte à l'inscription de l'hypothèque légale de la femme mariée sur les immeubles du
mari (1). »

Cette loi n'est pas suffisamment efficace pour faire
disparaître complètement les dangers que nous avons
signalés. Il sera souvent difficile de se faire représenter
l'acte de naissance de la personne avec laquelle on est
en rapport d'affaires.

En tout cas, la question reste entière en ce qui concerne les mariages célébrés à l'étranger.

On avait élevé quelques doutes sur le point de savoir si
par elle-même l'hypothèque produit ses effets en France
vis-à-vis des tiers et indépendamment de la transcription en France de l'acte de mariage prescrite par l'article 171 du Code civil pour le cas de mariage contracté
par un Français à l'étranger. Sur ce point la jurisprudence s'était d'abord prononcée pour la négative. Elle
avait décidé que la femme étrangère mariée à un Français en pays étranger, bien qu'elle ait une hypothèque
légale sur les biens de son mari situés en France pour
la sûreté de sa dot, ne peut se prévaloir de son hypothèque contre les tiers qu'autant que l'acte de mariage
a été transcrit en France, conformément aux dispositions de l'article 171 du Code civil.

Toutefois, la Cour de cassation n'a pas persisté dans
cette jurisprudence et elle admet maintenant que la

(1) Exposé des motifs, *Journal officiel, Documents parlementaires*,
1894, p. 85.

disposition de l'article 171 est purement réglementaire
et que, même quand elle n'est pas observée, la femme
mariée à l'étranger avec un Français peut exercer l'hypothèque légale qui résulte du mariage.

La majorité de la doctrine est ralliée à cette opinion.
Elle a considéré que l'article 171, en prescrivant la
transcription de l'acte de mariage en France, n'établit
pas de sanction et ne prononce ni nullité ni déchéance
et que l'hypothèque légale étant inhérente au seul fait
du mariage, il faut, tant qu'on n'annule pas le mariage,
respecter sous peine de contradiction l'hypothèque qui
en est la conséquence. Faire dépendre en effet l'hypothèque légale de l'accomplissement de la formalité prescrite par l'article 171 du Code civil, ce serait remettre
à la discrétion du mari une garantie qui est dirigée
précisément contre lui et par suite rendre illusoire
pour la femme le bénéfice de l'hypothèque légale (1).

La loi du 17 août 1897 ne reçoit son application
qu'autant que l'acte de mariage de celui qui est passible
de l'hypothèque légale a été consigné sur les registres
de l'état civil en France ; dès l'instant où cette formalité
n'est pas exigée pour la validité du mariage et n'a pas
été remplie, cette précaution reste illusoire. L'officier
de l'état civil ne peut faire mention d'un mariage qui
n'est pas parvenu à sa connaissance. Le mariage d'un
Français à l'étranger se trouve dans ce cas ; il n'est pas

(1) Demolombe, t. I, n° 229 ; Aubry et Rau, t. III, p. 368 ; Pont,
Privilèges et hypothèques, t. I, n° 432.

obligatoirement soumis à cette forme de publicité. Il
en résulte que les tiers peuvent encore dans cette hy-
pothèse ignorer la qualité d'homme marié de celui avec
lequel ils traitent et ne peuvent être avertis des dangers
qui les menacent.

Si les tiers peuvent arriver à être fixés sur l'existence même de l'hypothèque légale, il leur est impossible cependant de connaître exactement l'étendue de
cette hypothèque quant au chiffre des créances qu'elle
est appelée à garantir. L'examen du contrat de mariage,
en admettant qu'il soit mis à leur disposition, ne peut
pas les renseigner sur la véritable situation du mari,
car si l'importance de la dot est connue, le chiffre des
reprises que la femme sera susceptible d'exercer lors
de la dissolution du mariage ne peut pas être déterminé. Il peut se produire, au cours du mariage, comme
nous l'avons déjà fait remarquer, des circonstances
qui font naître au profit de la femme contre son mari
des créances également garanties par l'hypothèque légale, par suite de fautes ou de mauvaise gestion du mari.
Ce sont autant d'aléas qui peuvent compromettre gra-
vement le patrimoine du mari et empêcher les tiers de
traiter avec lui, soit pour des prêts hypothécaires, soit
pour des aliénations immobilières.

§ 2. — L'hypothèque légale protège insuffisamment
la femme mariée.

Peut-on dire, tout au moins, que cette hypothèque

générale et clandestine rachète les inconvénients que nous venons de signaler par l'avantage de garantir d'une manière absolue les intérêts de la femme mariée? Il serait téméraire de l'affirmer. Ainsi que le faisait remarquer M. de Vatimesnil dans son rapport sur le projet de loi de 1850, à certains égards, cette hypothèque est préjudiciable à la femme et le plus souvent elle ne constitue qu'une garantie illusoire.

D'abord l'hypothèque légale est plutôt préjudiciable à la femme. Ce serait en effet une erreur que de considérer l'intérêt de la femme comme distinct de celui du mari et comme opposé à cet intérêt. Les époux ne contractent pas leur union seulement en vue de leurs intérêts moraux; ils attachent la plupart du temps une grande importance à leurs intérêts matériels. On peut dire que l'intérêt du ménage commun occupe la plus grande place dans leurs préoccupations. Leur but constant est d'unir leurs efforts pour arriver à la fortune et à la prospérité : or l'hypothèque légale de la femme, loin de leur faciliter les moyens de parvenir à ce but, est plutôt pour eux une gêne et une entrave.

C'est surtout sous le régime de la communauté que se fait sentir l'effet nuisible de l'hypothèque légale de la femme mariée quant aux intérêts du ménage. Sous ce régime où le mari représente à lui seul la communauté, où ses biens sont pour ainsi dire confondus avec ceux qui appartiennent à l'association conjugale puisqu'il répond des dettes de la communauté même sur ses biens propres, l'intérêt du mari et celui de la communauté sont liés l'un à l'autre. Nuire au crédit du mari, c'est nuire au crédit de la communauté. Or, n'avons-nous pas démontré que l'hypothèque légale de la femme, clandestine et générale, porte la plus grave atteinte au crédit du mari, qu'elle l'empêche d'emprunter à des conditions avantageuses, d'aliéner ses immeubles et ceux de la communauté, de réaliser enfin certaines opérations qui pourraient être pour le ménage une source de profits. La femme en subit forcément le contre-coup, puisqu'elle est intéressée à la prospérité de la communauté au même titre que le mari.

Sous les régimes de non-communauté l'hypothèque légale ne présente pas moins d'inconvénients. Sous le régime dotal, notamment, le mari pour emprunter n'est-il pas obligé de recourir à certains moyens ruineux, par exemple d'aliéner les revenus dotaux.

Ce ne sont pas là les seules conséquences fâcheuses qu'entraîne cette hypothèque telle qu'elle est organisée. Souvent, pour sauver son mari de la ruine la femme n'a qu'un moyen : c'est de renoncer au profit de ses créanciers à son hypothèque légale. Mais, sous prétexte de sauvegarder ses droits, elle peut s'y refuser et alors son mari est victime de la rigueur avec laquelle elle maintient l'exercice de son privilège. La bonne harmonie du ménage se trouve compromise. D'un autre côté, si, cédant aux sollicitations de son mari, la femme renonce à son hypothèque légale, elle perd du coup la garantie qui lui assurait le recouvrement de son apport et de ses reprises. C'est du reste ce qui se passe le plus souvent : il est rare qu'elle refuse au mari sa signature.

Non seulement l'hypothèque légale peut être préjudiciable à la femme, mais elle constitue encore pour elle une garantie ordinairement illusoire.

Garantie plus décevante que jamais puisqu'au moyen de combinaisons autorisées par la législation actuelle, le droit de suite inhérent à l'hypothèque légale de la femme est devenu une abstraction sans réalité : « Dans la pratique des affaires ces garanties si solides en apparence s'en vont en fumée ou du moins ne profitent aux femmes mariées qu'à l'égard des tiers les moins rigoureux dans leurs exigences (1).

Le législateur s'est montré particulièrement négligent en ne conférant aucune sûreté aux femmes dont les maris n'ont qu'une fortune mobilière.

A notre époque, les fortunes immobilières tendent à disparaître. Comme l'hypothèque légale ne porte que sur des immeubles, il s'ensuit qu'elle devient de plus en plus inefficace.

Sans doute, cette garantie était suffisante à une époque où les valeurs mobilières actuelles les plus importantes étaient immeubles par fiction : telles les offices et les rentes ; les meubles ne formaient alors qu'une petite partie de la richesse : de là ce brocard « *mobilium*

---

(1) *Documents relatifs au régime hypothécaire et aux réformes qui ont été proposés*, t. II, p. 447.

vilis possessio » ; les immeubles au contraire composaient la plus grande partie de la fortune publique ; on les recherchait de préférence, parce qu'ils paraissaient par leur stabilité de nature à assurer la conservation des fortunes dans les familles. Ces tendances ont changé ; non seulement les choses que la fiction faisait immeubles : les offices, les rentes, ont repris leur qualité naturelle de meubles ; mais de nouvelles valeurs mobilières ont été créées par quantités incommensurables : tous les jours ces valeurs entrent pour de plus fortes parties dans le patrimoine des familles.

La législation n'a pas suivi ces progrès, ces changements essentiels dans la propriété ; elle se trouve maintenant en désaccord avec les transformations économiques subies par la richesse, de sorte que le droit de la femme qui était autrefois solidement assis se trouve reposer maintenant sur des bases bien fragiles.

A un autre point de vue, la dispense d'inscription dont bénéficie la femme peut lui faire courir de graves dangers en cas d'aliénation volontaire ou forcée d'un bien du mari, lorsque celui-ci, comme il a intérêt à le faire, a dissimulé cette aliénation.

La loi a pris un ensemble de mesures pour mettre la femme au courant de la situation et provoquer l'inscription de son hypothèque. Mais il peut arriver que ces mesures demeurent inefficaces et que la femme, dans l'ignorance de la purge, laisse périmer son hypothèque. En effet, le tiers qui veut purger, en cas d'aliénation volontaire est tenu, aux termes de l'article 2194 du Code civil, de déposer au greffe du tribunal civil du lieu de la situation des biens une copie de son contrat et de notifier ce dépôt tant à la femme qu'au Procureur de la République. Or, cette notification doit être faite à personne, conformément à l'article 68 du Code de procédure civile, c'est-à-dire au domicile conjugal. Aucun texte n'exige qu'elle soit faite à la femme personnellement. Dans ces conditions là, il y a bien des chances pour que cette notification reste ignorée de la femme, le mari ayant le plus grand intérêt à la dissimuler, comme il a caché à son épouse l'aliénation elle-même.

Il peut même se produire un cas où la déchéance de l'hypothèque légale soit inévitable : c'est lorsque l'acquéreur ignore le domicile de la femme. Dans ce cas, d'après les avis du Conseil d'État des 19 mai et 1er juin 1807, le tiers acquéreur est tenu en outre de la notification à faire au parquet du Procureur de la République, de faire insérer cette notification dans les journaux désignés pour l'insertion des annonces judiciaires. Ce sera un hasard si cette publication arrive à la connaissance de la femme.

La purge, telle qu'elle est organisée actuellement est donc bien imparfaite. Quelle garantie la femme peut-elle trouver dans une mise en demeure résultant d'une insertion contenue dans un journal qui ne lui parvient pas, dans une affiche apposée à la porte d'une salle d'audience où elle ne va jamais, dans une notification indirecte déposée au parquet du ministère public qui n'en tient aucun compte.

Le mari peut ainsi se ruiner peu à peu et vendre successivement ses immeubles à l'insu de sa femme à qui le gage immobilier échappe grâce à la purge spéciale.

On voit combien l'hypothèque légale de la femme mariée est illusoire quand elle est maintenue. Quand la femme y renonce, c'est toujours dans les circonstances où elle aurait le plus d'intérêt à ne pas s'en dépouiller, notamment quand les affaires du mari périclitent et que les tiers ont besoin d'une garantie pour le paiement de leurs créances. C'est surtout quand le mari aura besoin de fortifier son crédit que la femme sera amenée à sacrifier son propre intérêt et sa propre sûreté à la sécurité des créanciers de son mari.

Cette subrogation dans l'effet de son hypothèque légale a pour la femme un double résultat désavantageux.

D'abord, en cas de subrogation au profit d'un créancier, la femme se dépouille complètement. Sauf le cas d'une simple cession d'antériorité ou d'une renonciation purement abdicative, c'est-à-dire d'une promesse d'abstention, le subrogé est, en vertu de la subrogation, investi du droit hypothécaire de la femme et peut l'exercer en son nom personnel dans son intérêt exclusif. Il a le droit de s'opposer à ce que la femme soit colloquée avant lui sur les immeubles du mari et peut se faire colloquer aux lieu et place de celle-ci non seulement sur le prix des immeubles qui lui ont été personnellement hypothéqués, mais encore sur le prix de tous les immeubles du mari, même sur le prix de ceux que ce dernier aurait acquis depuis la subrogation.

Il peut enfin se prévaloir du droit de suite inhérent à l'hypothèque légale et l'exercer contre les tiers acquéreurs d'immeubles du mari dans les mêmes conditions que la femme.

En cas de renonciation soit expresse soit tacite au profit d'un acquéreur, la femme perd son droit de suite, mais elle conserve son droit de préférence.

L'acquéreur ne peut donc pas sans imprudence payer son prix entre les mains du mari ou de ses ayants cause, notamment de ses cessionnaires, s'il n'a pas obtenu le consentement de la femme.

La femme, en effet, ne peut plus agir contre l'immeuble ; elle n'a plus qu'une action personnelle contre l'acquéreur, garantie bien fragile si celui-ci est insolvable. En ce cas, tout ce qu'elle peut faire, c'est exercer du chef de son mari soit le privilège du vendeur soit l'action résolutoire si ces droits ont été régulièrement conservés. Mais la négligence du mari la laissera la plupart du temps sans aucun recours.

On peut dire que lorsque la femme cède son hypothèque légale ou qu'elle y renonce, il ne lui reste plus aucune garantie pour le recouvrement de sa dot et de ses reprises.

La subrogation dans l'effet de l'hypothèque légale de la femme mariée entraîne encore un autre inconvénient : c'est d'introduire dans les règlements de famille des tiers qui les compliquent et les rendent difficiles. En effet le créancier du mari que la femme a subrogé dans son hypothèque légale est investi d'un droit dont l'effet est subordonné à la condition que la femme aura une créance de reprise à exercer. Le subrogé ne peut invoquer l'hypothèque légale que dans la mesure où la femme en aurait la faculté. Or, entre les mains de la femme l'hypothèque légale est la garantie de ses créances contre son mari. C'est donc seulement lorsque la liquidation de la société conjugale constituera la femme créancière et jusqu'à concurrence des créances ainsi constatées que le subrogé pourra exercer les droits résultant en sa faveur de l'hypothèque légale. Il est nécessaire dès lors que pour surveiller ses intérêts, il s'immisce dans les règlements qui interviennent entre les époux. Il a le droit de veiller à ce que les reprises de la femme soient évaluées à leur juste valeur et d'attaquer tout acte qui serait fait en fraude de ses droits.

Cette intervention des étrangers dans les règlements de famille est vue avec la plus grande défaveur dans nos lois et chaque fois que l'occasion s'en est présentée le législateur a cherché à la faire disparaître. C'est ainsi que l'article 841 du Code civil permet aux héritiers ou ayants droit d'une succession d'écarter du partage à la seule condition de lui rembourser le prix de la cession, toute personne, même parente du défunt, mais qui n'est pas son successible et à laquelle un cohéritier aurait cédé son droit dans la succession.

Enfin, nous ne saurions mieux démontrer la fragilité de l'hypothèque légale de la femme mariée qu'en citant les observations présentées devant la Commission du cadastre, dont il était membre, par notre regretté maître M. Bufnoir : « Je laisse de côté, dit-il, le caractère occulte de cette hypothèque légale ; je prends seulement son caractère de généralité et je me demande quels ont été les résultats pratiques de cette hypothèque légale de la femme mariée, en ce qui concerne la protection qu'elle a pour but de lui assurer. Eh bien ! je crois à cet égard que les hommes pratiques qui se trouvent dans cette Commission seront de mon avis.

Pour toute personne qui n'est pas mariée sous le régime dotal, le résultat le plus clair de l'hypothèque légale est que la femme est ruinée toutes les fois que le mari se ruine.

Il est très facile d'en donner la raison. Personne, bien entendu, ne traite avec un homme marié sans demander l'intervention de la femme, sans demander comme on dit que le prêteur soit subrogé aux droits de la femme dans son hypothèque ou qu'elle renonce à son hypothèque au profit de l'acquéreur. Et chose remarquable, cette intervention de la femme n'est pas limitée à la disposition du droit d'hypothèque : la femme intervient toujours en s'obligeant conjointement et solidairement avec son mari comme disent les notaires. De telle sorte, je le répète, qu'à moins d'être placée sous la protection du régime dotal, et nous serons tous d'accord, j'imagine, pour repousser au point de vue du crédit hypothécaire la généralisation du régime dotal, la femme dans la pratique la plus habituelle n'est nullement protégée par son hypothèque légale et qu'elle se ruine presque toujours, quand son mari se ruine lui-même.

J'ai eu souvent entre les mains des états d'inscriptions hypothécaires; j'y ai trouvé quelquefois les hypothèques de la femme inscrites non pas à son profit mais au profit d'un cessionnaire, de telle sorte qu'en fait l hypothèque légale de la femme ne sert qu'à donner en quelque sorte à son détriment un supplément de garantie aux créanciers de son mari et que la protection qu'on avait l'intention de lui accorder s'est pour ainsi dire retournée contre elle. »

CHAPITRE II

Nous avons fait ressortir tous les dangers que l'hypothèque légale de la femme mariée causait au crédit du mari et aux intérêts de la femme. Cette entrave au crédit du mari est d'autant plus forte que la femme est plus riche, car ses reprises et par suite l'étendue de son hypothèque croissent en raison directe de sa fortune.

Elle est préjudiciable à la femme et généralement elle ne constitue qu'une garantie illusoire, puisque rien n'est plus facile de l'écarter et qu'en fait elle es t écartée la plupart du temps.

Enfin, par son caractère général et clandestin, elle porte la plus grave atteinte aux intérêts des tiers.

Par quels moyens conviendrait-il d'obvier à ces inconvénients.

Cette question est à l'étude depuis fort longtemps, mais jusqu'à présent aucune réforme n'a pu aboutir. Il est difficile de réglementer l'hypothèque légale de la femme mariée en conciliant les exigences du crédit et les intérêts de l'incapable.

Des améliorations ont été apportées d'abord par la loi du 23 mars 1855 qui, comme nous l'avons exposé, a

eu pour but de donner une publicité plus grande aux
opérations intéressant la propriété immobilière, puis
par la loi du 21 mai 1858, modifiant les articles 692,
696 et 717 du Code de procédure civile, qui a décidé qu'à
l'avenir les hypothèques légales seraient purgées en
matière de saisie immobilière par la transcription du
jugement d'adjudication. Mais ce ne sont que des remèdes insuffisants. Le crédit public souffre de l'existence de ces hypothèques occultes et indéterminées qui,
sans cesse, menaçent les tiers et apportent les plus grandes entraves dans les transactions. Voyons maintenant
quels seraient les moyens d'écarter ces dangers dont
nous avons fait un tableau aussi exact que possible.

I. — Remèdes aux dangers qui menacent les tiers.

§ 1er.— Doit-on supprimer l'hypothèque légale de la femme mariée.

On a proposé d'abord de supprimer l'hypothèque légale de la femme mariée. Mais, cette mesure serait-elle
équitable ? N'aurait-elle pas pour effet de jeter dans les
familles les plus grandes perturbations ? Si l'égalité
civile des deux sexes est un principe fondamental de
notre droit moderne, il n'en est pas moins vrai que le
mariage crée à la femme vis-à-vis du mari une sorte
d'état de dépendance et d'incapacité. La femme ne peut
contracter aucun engagement ni faire aucun acte d'a-
liénation sans l'autorisation de son mari et sauf certai-

nes exceptions, c'est ce dernier seul qui a capacité durant le mariage pour administrer les biens de son épouse.

Elle est dans l'impossibilité morale de stipuler des garanties pour les diverses créances qu'elle peut acquérir contre son mari. Cette impossibilité existe d'abord avant le mariage : la stipulation de garanties avant le mariage blesserait le plus souvent la susceptibilité du futur époux ; peut-être entraînerait-elle la rupture du mariage projeté. Pendant le mariage, elle ne peut stipuler des garanties alors qu'elle est soumise à l'autorité de son mari et dominée par lui. On comprend dès lors que la femme ne pouvant ainsi pourvoir par elle-même à sa propre sûreté, la loi vienne à son secours en lui attribuant une hypothèque. S'il eût agi autrement, le législateur eût été taxé d'imprévoyance.

Il semble donc difficile de supprimer l'hypothèque légale de la femme, à moins de la remplacer par une garantie d'une autre nature.

La suppression de l'hypothèque légale de la femme mariée n'en a pas moins été demandée par certains auteurs.

On a prétendu d'abord qu'elle était injuste, car la loi doit être égale pour tous ; or elle crée dans notre droit une dangereuse exception. L'hypothèque légale n'atteint que les propriétaires fonciers, or un grand nombre de maris n'ont pas de fortune immobilière. La loi reste sans effet sur eux et ne les assujettit à aucune garantie. Elle est donc arbitrairement rigoureuse pour les premiers qui ne peuvent disposer de l'immeuble de la plus minime valeur sans que la femme soit appelée à donner sa mainlevée ou à demander sa collocation sur le prix, tandis que les seconds peuvent vendre et dissiper le mobilier quelle qu'en soit la valeur, l'engager dans les maisons de prêt sur gage et dans un laps de temps si court que la femme ne pourra s'y opposer.

Non seulement, disent les partisans de la suppression, cette hypothèque est injuste mais elle est inutile et contraire au titre du contrat de mariage. Il semble en effet que le contrat de mariage par la garantie qu'il offre à la femme sous les divers régimes qu'il permet ait exclu la nécessité de toute garantie subsidiaire.

Sous le régime de la séparation de biens, la femme conservant l'entière administration de sa fortune, ne devient créancière de son mari qu'autant qu'elle y consent.

Il n'y a donc pas sous ce régime nécessité de l'hypothèque légale.

Sous le régime de non-communauté et sous le régime dotal, la femme dont la dot est en péril peut former une demande en séparation de biens et même obtenir l'administration de ses biens avant la prononciation de la séparation dont l'effet est de rendre la femme créancière de son mari pour une somme qui devra être liquidée dans un très court délai. L'hypothèque sous ce régime ne semble donc pas non plus indispensable.

Même sous le régime de la communauté, l'hypothèque légale est inutile à la femme. Ainsi, si elle ne
s'est pas obligée avec son mari envers les créanciers
de celui-ci et si elle produit à l'ordre ouvert, elle sera
colloquée utilement et recevra avec l'autorisation de
son mari le montant de sa collocation. Or, l'ordre ne
changeant rien à la situation du mari et n'équivalant
pas à la séparation de biens, c'est dans la caisse du mari
que la somme restera et l'hypothèque n'aura produit
aucun effet puisque la créance de la femme restera la
même et que le mari aura un immeuble de moins (1).

Ces arguments quoique ne manquant pas d'une certaine force sont loin d'être concluants. Ils ne visent
que des cas exceptionnels. La suprématie du mari,
sous quelque régime que le mariage ait été contracté, a
besoin d'un contre-poids.

La garantie hypothécaire que le législateur accorde
à la femme n'a pas seulement son utilité sous les divers régimes où la loi confère au mari l'administration
des biens de la femme ; même sous le régime de séparation de biens, des causes de reprises peuvent naître
soit d'une gestion de fait abandonnée au mari, soit
d'obligations conjointement contractées avec lui.

(1) Eug. Brault, *Examen théorique et pratique du système hypothécaire et des réformes qu'il réclame*, p. 13.

§ 2.— Doit-on appliquer à l'hypothèque légale de la femme mariée le principe de la publicité et de la spécialité.

Il ne faut donc pas songer à supprimer l'hypothèque légale de la femme. Le meilleur moyen de consolider le crédit du mari et de rassurer les tiers semble consister à soumettre cette hypothèque au double principe de la publicité et de la spécialité. Pour concilier l'application rigoureuse de cette règle avec la protection due aux intérêts de la femme mariée, nous ne saurions mieux faire que de prendre conseil des nombreux systèmes de publicité étrangers qui subordonnent l'efficacité de l'hypothèque des incapables à la condition de son inscription sur un immeuble spécifié et pour une somme déterminée.

Ce principe de la publicité des charges hypothécaires est universellement admis. C'est une condition essentielle du crédit foncier. Dans un grand nombre de pays, comme en France, la publicité est requise non pour donner naissance au droit mais seulement pour le rendre opposable au tiers.

Il en est ainsi en Belgique, en Hollande, dans les cantons de Genève, de Fribourg, du Tessin, en Roumanie, en Suède, en Espagne, en Portugal, dans la Louisiane, l'Illinois, le Canada et le Japon.

Dans d'autres pays, au contraire, l'inscription est nécessaire pour donner naissance à l'hypothèque soit dans les cas exprimés par la loi, soit parce que cette formalité a remplacé l'investiture comme jadis dans nos pays de nantissement.

Ce système est pratiqué dans tous les pays qui se rattachent au système germanique : l'Allemagne, la Suisse allemande, l'Autriche, la Hongrie, la Dalmatie, la Russie et la Pologne russe.

La même règle s'applique dans les pays régis par les principes de l'*act torrens*, qui comprennent : le groupe australien (Queensland, Tasmanie, Victoria, New-South Wales, Nouvelle-Zélande, Australie occidentale, Colombie britannique, Malacca, Singapour, Wellesley, le Brésil et la Tunisie.

La publicité s'applique d'une manière absolue, même aux hypothèques légales, dans tous les pays où elle forme la condition imposée pour l'acquisition du droit. Les autres pays se divisent. Le principe comporte exception en faveur des hypothèques légales, notamment celle de la femme mariée en Roumanie et dans le canton du Tessin. Le Code civil italien ordonne l'inscription de l'hypothèque légale de la femme mariée dans les vingt jours du contrat par les soins du mari et du notaire ; elle peut être provoquée par celui qui a constitué la dot et même par la femme non autorisée.

Mais l'inobservation de ces prescriptions ne peut pas nuire aux incapables et ne donne lieu comme sous l'empire de notre Code qu'à une action en dommages-intérêts au profit des tiers lésés.

Dans les autres États, où la publicité est seulement

une condition de l'efficacité de l'hypothèque à l'égard des tiers, le principe s'applique d'une manière absolue. En Belgique, toutes les hypothèques, quelle qu'en soit la nature, sont rigoureusement soumises à la publicité, les hypothèques légales comme les hypothèques conventionnelles. Elles ne sont opposables aux tiers que si elles ont été inscrites.

Mais la forme de cette publicité est à peu près la même qu'en droit français : personnelle et non réelle, elle ne permet que théoriquement au conservateur de dresser d'une manière exacte le bilan hypothécaire d'un propriétaire ou d'un immeuble donné. En fait, les recherches sur les registres publics n'ayant pour point de départ que les noms des personnes ne confèrent jamais aux intéressés une certitude absolue.

En Hollande, la loi ne reconnaît pas à proprement parler d'hypothèque légale. L'hypothèque de la femme mariée doit pour exister être stipulée dans le contrat de mariage ou en l'absence de stipulation par un jugement qui désigne les biens soumis à l'inscription.

La publicité de l'hypothèque de la femme mariée est donc rigoureusement exigée. Il en est de même dans la Suisse romande et dans le canton de Genève. Enfin en Espagne la loi ne reconnaît aucune hypothèque occulte, l'hypothèque légale ne devient efficace au regard des tiers et n'a de rang que du jour où elle a été inscrite au registre foncier.

Le principe de la spécialité est aussi universellement

admis. Dans les pays où existe l'institution des livres fonciers, où la publicité se réalise au moyen d'une mention spéciale sur la feuille affectée à l'immeuble grevé, cette règle s'applique à toutes les hypothèques même légales. Il en est ainsi en Allemagne, en Autriche-Hongrie, en Russie, en Suède et dans les pays régis par l'*act torrens*.

Dans les pays où la publicité est personnelle, où les recherches se font au moyen d'un répertoire par noms de propriétaires, les uns admettent la généralité des hypothèques légales comme en France, tels sont la Roumanie, le canton du Tessin. Les autres, et c'est le plus grand nombre, exigent la spécialisation rigoureuse des immeubles grevés, même pour les hypothèques légales. Ainsi la loi belge de 1851 applique la règle de la spécialité hypothécaire d'une façon absolue. L'hypothèque légale du droit belge est cependant, comme celle du droit français, générale de sa nature, en ce sens qu'elle atteint tous les biens du mari, même les biens à venir. Mais la généralité de l'affectation n'est pas incompatible avec la spécialité de l'inscription. Pour concilier ces deux principes, il suffit que chacun des immeubles grevés soit nominativement soumis à l'hypothèque et individualisé dans le titre hypothécaire et dans le bordereau d'inscription.

Dans le système de la loi de 1851, l'hypothèque générale de la femme mariée ne peut être inscrite qu'à-la condition d'avoir été spécialisée quant aux immeubles

et quant à la somme dans un acte antérieur à l'inscription.

Comment a lieu cette spécialisation ?

Les droits auxquels est attachée l'hypothèque légale
de la femme mariée naissent successivement les uns
hors du mariage en vertu des conventions matrimoniales, les autres pendant l'union des époux par suite de
faits encore éventuels ou inexistants à l'époque du contrat. D'un autre côté on doit prévoir le cas où l'hypothèque n'a pas été spécialisée par le contrat de mariage
et celui où la garantie primitivement stipulée est devenue
insuffisante. Enfin il peut ne pas y avoir eu de contrat
de mariage. Il fallait donc pour assurer complètement
les droits de la femme mariée organiser deux sortes
de spécialisation, celle qui se fait par le contrat de mariage pour la garantie de la dot et des conventions matrimoniales et celle qui a lieu pendant le mariage soit
pour conserver les droits et créances nés depuis le contrat, soit pour augmenter les garanties, soit parce que
le mariage n'a pas été précédé d'un contrat.

Les articles 46 et suivants du Code belge y ont pourvu.
En ce qui concerne la dot et les droits et reprises résultant des conventions matrimoniales, le Code veut que
l'hypothèque de la femme soit spécialisée dans le contrat ; ce sont les parties elles-mêmes qui déterminent les
immeubles grevés, l'objet de la garantie et la somme à
concurrence de laquelle il sera pris inscription. A l'égard
des droits advenus à la femme pendant le mariage, par

suite de succession, de donation ou pour toute autre
cause, l'hypothèque supplémentaire que ces faits peuvent nécessiter est spécialisée, non plus par les parties
mais par le président du tribunal sur la demande de la
femme. La loi, à la vérité, ne s'exprime pas tout à fait
ainsi, elle dit que l'inscription se fait, dans ce cas, en
vertu de l'autorisation du président, et ce, pour la somme qui sera fixée par lui, sans parler des immeubles sur
lesquels l'inscription doit être prise. Il peut donc se
faire que l'ordonnance du président ne contienne qu'une
simple autorisation d'inscrire l'hypothèque sans aucune
détermination de biens, car la loi n'exige pas positive-
ment cette dernière indication.

Lorsqu'il en est ainsi, les immeubles sont spécifiés
dans le bordereau d'inscription remis au conservateur.
On suit le même mode de spécialisation si le contrat
n'a pas déterminé l'hypothèque ou si le mariage a eu
lieu sans contrat. Une fois spécialisée l'hypothèque
doit être inscrite, sinon elle reste inefficace. Si la spécialisation résulte du contrat de mariage, c'est au futur
mari qu'incombe le soin de requérir l'inscription avant
la célébration du mariage. Quant aux inscriptions à
prendre pendant le mariage, l'article 70 porte que le
mari peut toujours les requérir de son chef. Mais comme
il serait impossible de compter sur le mari dont l'inscription diminue le crédit, la loi charge d'autres personnes de provoquer l'accomplissement de cette formalité : ce sont les parents et alliés des époux jusqu'au

troisième degré, puis à leur défaut, le juge de paix du canton du domicile conjugal, et le procureur du roi près le tribunal de première instance. C'est par l'effet et du jour de l'inscription que l'hypothèque prend rang vis-à-vis des créanciers (art. 81). Il en résulte que l'hypothèque inscrite avant le mariage pour sûreté de la dot et des conventions matrimoniales produit son effet à partir du jour du contrat à un moment où il n'y a encore ni mariage ni droits contre le mari. Le législateur belge aurait pu éviter cette anomalie en reportant l'effet de l'inscription à la date de la célébration du mariage, ainsi que le décide notre Code civil. Enfin en prévision du cas où les inscriptions seraient excessives, l'article 72 de la loi belge donne au mari le droit d'en demander judiciairement la réduction.

La loi tunisienne de 1885 se rapproche sensiblement de la législation belge. Quelle que soit la nature de l'hypothèque, elle n'existe au regard des tiers et n'a de rang entre les créanciers que du jour où elle est inscrite ; elle doit être de plus spécialisée quant à l'immeuble et quant à la somme. En ce qui concerne l'hypothèque de la femme mariée, les règles à suivre pour la détermination de l'immeuble grevé et de la créance garantie sont empruntées à la loi belge de 1851.

L'inscription se fait pour les droits de la femme mariée à la diligence du mari, de la femme, de ses parents ou amis. Quant à la spécialisation de l'hypothèque, elle résulte soit du contrat de mariage, soit d'une décision rendue par le tribunal. Enfin, le mari peut demander la réduction des sûretés devenues excessives et se faire autoriser en justice à remplacer l'hypothèque légale par une caution ou un gage mobilier.

La loi espagnole ne reconnaît aucune hypothèque générale, toutes les hypothèques légales sont spécialisées. C'est à la femme mariée majeure qu'il appartient de requérir l'inscription de son hypothèque légale. Si elle est mineure, le soin de pourvoir à l'inscription incombe au père, à la mère, aux auteurs des constitutions dotales et en dernier lieu au tuteur. Faute par celui-ci de faire les diligences nécessaires, le magistrat du ministère public, le *Fiscal* du tribunal du district agit d'office, pour que le mari assure l'accomplissement de la formalité. La loi oblige même pour plus de précaution tout notaire qui reçoit un contrat d'où résulte une hypothèque légale au profit d'un incapable, de mentionner expressément cette hypothèque dans l'acte et d'adresser dans les quarante-huit heures au bureau foncier un extrait analytique de la convention. Si, dans les trente jours qui suivent la passation de l'acte, l'hypothèque de la femme mariée n'a pas été inscrite, le conservateur en avise le ministère public, pour que celui-ci puisse au besoin procéder d'office. De plus, le conservateur remet, tous les six mois, au président du tribunal le relevé des extraits qui lui ont été adressés par les notaires et qui n'ont pas été suivis d'inscription.

Ces mesures de contrôle dont l'équivalent existe en

Belgique ajoutent à la garantie de l'incapable en empê-
chant que la formalité protectrice de ses droits ne puisse
être éludée par la négligence parfois intéressée de ceux
à qui la loi impose le devoir d'en provoquer l'accomplissement.

Le Code portugais satisfait aussi pleinement au principe de la publicité et de la spécialité hypothécaire.
Toute hypothèque légale est assujettie à l'inscription,
et ne peut grever que des immeubles déterminés jusqu'à
concurrence d'une somme fixée au moins approxima-
tivement.

L'hypothèque légale de la femme mariée est inscrite
à la requête de ses parents, de ceux qui l'ont dotée et
de son ex-tuteur.

L'exemple des législations étrangères prouve combien une réforme de notre régime hypothécaire serait
désirable. C'est dans la publicité et dans la spécialité
de l'hypothèque légale que se trouve le véritable remède aux maux dont nous souffrons. C'est ce qu'avaient
bien compris les auteurs du projet de loi de 1850 qui
proposaient que légale ou conventionnelle, l'hypothèque n'aurait de rang et ne produirait d'effet que du
jour de son inscription et que l'inscription ne pourrait
être prise que pour une somme déterminée sur des immeubles spécifiés par leur nature et leur situation.

La question la plus difficile à résoudre, relativement
à la publicité de l'hypothèque légale de la femme mariée, c'est celle qui concerne les moyens d'assurer cette

publicité. Si les dispositions édictées en vue de l'inscription de cette hypothèque par la loi de Brumaire et
par le Code civil demeurent illusoires, c'est parce
qu'elles abandonnent la formalité au bon plaisir des
intéressés. Le législateur a trop présumé l'empresse-
ment du mari à se mettre en règle à cet égard, et d'un
autre côté, il est assez naturel que la femme montre
quelque hésitation à recourir à un acte conservatoire
qui risque d'être interprété comme une marque de défiance. A quelles personnes conviendrait-il d'imposer
la mission de faire procéder à l'inscription?

On a proposé de décider que s'il existe un contrat de
mariage, l'hypothèque spécialisée par ce contrat quant
aux immeubles et quant à la somme devra être inscrite
par les soins du notaire, dans un court délai à partir de
la date de l'acte, à peine d'amende et de dommages-
intérêts.

Il y a lieu de se demander si le notaire rédacteur du
contrat de mariage serait à même de remplir l'obligation qui lui serait ainsi imposée.

Rarement, en effet, il aura entre les mains, à ce moment, la désignation des biens sur lesquels inscription
pourrait être prise. Ce serait une erreur de croire que
les contrats de mariage contiennent fréquemment mention d'un apport d'immeubles ou d'une constitution en
dot de ces mêmes biens.

On comprend parfaitement que les objets mobiliers
apportés par les futurs époux ou qui sont constitués en

dot à l'un d'eux, soient décrits et estimés dans le contrat de mariage ; c'est là le seul moyen d'en assurer la
reprise lors de la dissolution du mariage. En ce qui
concerne les immeubles, au contraire, chaque époux
en opère le prélèvement, lors de la liquidation de la
société conjugale en l'absence même de toute désignation dans le contrat de mariage.

Sous le régime de la communauté légale de biens qui
existe en l'absence de toute convention matrimoniale,
chacun des époux a droit à la reprise des immeubles
qu'il a apportés, en nature s'ils existent encore et en
deniers s'ils ont été aliénés.

Quel avantage y aurait-il dès lors à consigner les apports d'immeubles dans les contrats de mariage ? Cette
indication n'aurait d'autre résultat que d'occasionner
à l'époux propriétaire des immeubles en question la
perception d'un droit d'enregistrement par le fisc.

En ce qui concerne les constitutions de dots immobilières qui peuvent être faites aux futurs époux, nous
répondrons que les donations d'immeubles par contrat
de mariage sont presque aussi rares que les apports
des mêmes biens. La raison en est d'abord que les propriétaires fonciers attachent à leurs immeubles une
plus grande valeur d'affection qu'aux choses mobilières qu'ils peuvent posséder, ils ne s'en dessaisissent
en général que quand leur âge ou leurs infirmités ne
leur permettent plus de les administrer.

Beaucoup de donations d'immeubles sont faites surtout à titre de partage anticipé, et chacun sait que ces sortes d'actes ont lieu surtout lorsque les père et mère ne peuvent plus espérer d'autres enfants que ceux qui sont leurs présomptifs héritiers et lorsqu'ils craignent que leur mort prochaine fasse surgir entre leurs héritiers des contestations sur la manière de procéder au partage des biens qu'ils laisseront à leur décès.

On peut donner une autre raison de la rareté des constitutions de dots immobilières, c'est que l'abandon d'immeubles qui serait fait aux futurs époux dans leur contrat de mariage ne justifierait pas le but auquel ces sortes de donations doivent répondre : procurer à leur bénéficiaire immédiatement des ressources pour parer aux frais de premier établissement.

Les futurs époux pourraient, il est vrai, emprunter sur ces immeubles ou les vendre ; mais l'obligation du rapport à laquelle ils pourraient être tenus ne leur permettrait de réaliser ces opérations qu'à des conditions très onéreuses.

Pour toutes ces raisons, les notaires ne pourraient donc que dans des cas excessivement restreints prendre inscription d'hypothèque au profit de la femme au moment du mariage, et en dehors des cas où il serait convenu dans le contrat de mariage qu'il ne serait pris inscription que sur certains immeubles appartenant au mari et désignés par l'acte même, il serait impossible au notaire d'accomplir sa mission. Comment, en effet, connaître les immeubles possédés par le mari et savoir dans quel arrondissement ils sont situés. Il faudrait s'en rapporter à la déclaration du mari. S'il commet des dissimulations comment les atteindre. Quelles seront les conséquences de cette dissimulation au regard des tiers ?

Sera-ce la femme qu'on empêchera d'exercer ses droits sur les immeubles dissimulés sous le prétexte qu'en le faisant elle nuit aux tiers ?

La question n'est pas facile à résoudre. La chose présente tant de difficultés que dans un ordre d'idées un peu différent mais cependant analogue, l'article 2137 du Code civil qui, sous peine de dommages-intérêts, prescrit aux subrogés tuteurs des mineurs de faire inscrire l'hypothèque légale de ces derniers sur les immeubles de leurs tuteurs, est pour ainsi dire resté lettre morte et n'a jamais reçu dans la pratique aucune application. Comment en effet pourrait-on faire un grief aux subrogés tuteurs de n'avoir pas pris cette inscription s'ils peuvent soutenir à bon droit n'avoir pas su que ces tuteurs possédaient des immeubles.

Relativement aux droits advenus à la femme pendant le mariage par suite de succession, de donation ou d'aliénation de ses propres, on a proposé de faire spécialiser l'hypothèque supplémentaire que ces faits pourraient nécessiter par une ordonnance du président du tribunal rendue sur simple requête de la femme même non autorisée ou du ministère public.

Il est certain que la femme serait seule à même d'avoir en mains les renseignements nécessaires pour prendre utilement inscription contre son mari. Mais la situation particulière dans laquelle elle se trouve vis-à-vis de son mari le lui interdit. Comment la femme que des liens si intimes rapprochent du mari, dont la volonté et la conduite doivent se modeler sur l'impulsion qu'elle en reçoit, dont les dispositions ne doivent jamais tendre à provoquer des divergences d'intérêts, à mettre des entraves aux projets de spéculation de l'époux, comment lui sera-t-il ordonné de pratiquer ainsi une sorte de saisie, de s'opposer aussi directement que possible à toute aliénation que ce dernier se proposerait de faire. La loi qui doit avant tout rapprocher les époux au lieu de jeter entre eux des brandons de discorde ne peut placer la femme entre la conservation de ses reprises matrimoniales, et la désaffection de son mari (1).

Il en est de même de l'obligation qui serait imposée au ministère public de requérir inscription.

Cette disposition est tombée en désuétude et il est inutile de chercher à la faire revivre. L'ingérence des magistrats du parquet dans les intérêts des familles offenserait les plus légitimes susceptibilités.

En tout cas, en admettant que l'obligation de faire inscrire l'hypothèque légale de la femme mariée puisse être imposée efficacement à certaines personnes, ces personnes peuvent ignorer soit la qualité d'homme marié de l'individu sur les biens duquel il y aurait lieu

(1) *Doc. relatifs au régime hypothécaire et aux réformes qui ont été proposées*, t. II, p. 178.

de requérir l'hypothèque, soit l'existence des immeubles sur lesquels cette inscription pourrait être prise.

Quoi qu'il en soit de ces difficultés, le principe de la publicité et de la spécialité appliqué à l'hypothèque légale de la femme mariée assurerait aux tiers la plus large sécurité. Il faut ajouter que la nécessité d'inscrire l'hypothèque légale rendrait désormais sans objet la purge spéciale de cette hypothèque. Cette purge a actuellement pour but de faire apparaître les hypothèques légales non inscrites.

Du jour où l'inscription serait imposée à ces hypothèques, cette procédure si longue et si coûteuse deviendrait inutile.

La question de la publicité à donner à l'hypothèque légale de la femme mariée a de tout temps préoccupé l'attention des jurisconsultes ; aussi les auteurs des différents projets de réforme hypothécaire qui ont été successivement proposés au Parlement dans ces dernières années en ont-ils fait l'objet de dispositions spéciales.

Proposition de MM. Dupuy-Dutemps, Brisson et Georges Leygues (1).

Dans cette proposition de loi qui a été déposée le 1er février 1894 à la Chambre des députés par MM. Dupuy-Dutemps, Brisson et Georges Leygues, la réforme

(1) Proposition de loi portant modification du régime de publicité en matière de transmission immobilière de privilèges et d'hypothèques présentée par MM. Dupuy-Dutemps, Brisson, Georges Leygues, députés.

de l'hypothèque légale de la femme mariée figure en première ligne.

Les auteurs ont pensé, pour employer leurs propres expressions que, sans porter préjudice aux intérêts de la femme, il était possible d'assujettir son hypothèque à l'inscription et qu'il était nécessaire de la dénoncer aux tiers pour faciliter le crédit immobilier qui souffre vivement de ce que tous les biens des Français mariés sont grevés de charges indéterminées dont l'appréciation exacte ne peut se faire qu'au moment de la dissolution du mariage. « Non seulement, lisons-nous dans l'exposé des motifs, il est indispensable qu'il existe un moyen certain de s'assurer du mariage, mais encore il faut faire apparaître outre l'hypothèque qui résulte des stipulations du contrat de mariage celle qui accompagne toutes les créances que la femme peut acquérir contre son mari pendant le cours du mariage car l'étude, même approfondie du contrat de mariage, serait insuffisante pour éclairer les tiers, puisqu'une hypothèque nouvelle quant à sa date, mais tout aussi générale quant à ses effets, peut surgir à chaque instant de la vie conjugale (1). »

Le projet dont nous nous occupons prescrit la publicité de l'hypothèque légale par son inscription sur les registres du conservateur et dans son article 33, il détermine les personnes auxquelles incombera l'obligation

____

(1) Annexe n° 344 au procès-verbal de la séance de la Chambre des députés du 1er février 1894.

de requérir inscription. Il dispose que le notaire rédacteur du contrat de mariage sera chargé de ce soin et
qu'il devra s'acquitter de sa mission le lendemain
même de la signature de l'acte.

Nous avons indiqué plus haut les raisons qui s'oppo-
sent à l'application pratique d'une semblable disposition, nous n'y reviendrons pas ici.

En second lieu, après avoir prescrit à cet officier public de prendre hypothèque sur tous les immeubles
possédés par le futur mari, le même article ajoute : à
cet effet il (le notaire) interrogera les parties présentes
sur la situation et l'étendue des biens immeubles ; tous
ceux qui n'auront pas été signalés seront soustraits à
l'hypothèque.

Nous avons déjà fait remarquer combien avec une telle
disposition il était facile au mari en dissimulant les immeubles qu'il peut posséder au moment du mariage de
les soustraire à l'hypothèque légale de la femme mariée ;
nous n'insisterons pas sur ce que ce système peut avoir
de désastreux pour la femme dont la garantie peut se
trouver par là considérablement amoindrie.

En ce qui concerne les causes d'hypothèque qui peuvent survenir au cours du mariage, la proposition que
nous analysons dispose que ceux qui seront chargés de
délivrer à la femme les biens mobiliers qui lui advien-
dront ou ceux qui effectueront des paiements entre ses
mains ne seront valablement libérés vis-à-vis d'elle
qu'à la condition de requérir inscription sur les biens

du mari à concurrence du montant des sommes versées et de la valeur des objets recueillis.

A cet effet, lors des quittances à intervenir, ils demanderont au mari et à la femme de les renseigner sur la situation et l'importance des immeubles ; faute par le mari et la femme d'avoir fourni les indications nécessaires, la responsabilité des tiers sera dégagée (article 34).

Cette disposition qui, comme la précédente, repose sur une déclaration, n'est pas plus heureuse qu'elle. Le mari, ainsi que nous l'avons dit plus haut, pourra toujours faire une réponse mensongère à la question que lui posera le tiers ; et quant à la femme elle-même, elle pourra n'être pas consultée puisque, tout au moins sous les régimes de communauté sa présence n'est pas nécessaire pour que le mari puisse toucher les capitaux mobiliers qui lui reviennent.

Pour que cette disposition eût son utilité il faudrait que le concours de la femme à une quittance soit nécessaire pour libérer valablement celui qui paye ; mais pour produire ce résultat, un remaniement complet du Code serait nécessaire, notamment en ce qui concerne les pouvoirs du mari sur les biens de sa femme, lorsque les époux sont mariés en communauté.

Mais en admettant même que le résultat visé par les auteurs du projet que nous examinons puisse être atteint, il n'en résulterait pas moins une gêne dans les transactions et une complication dans les rapports entre les époux et les tiers : or l'ingérence des tiers dans cette circonstance ne paraît pas très heureuse.

On a voulu établir une analogie entre ce cas et celui où les tiers peuvent être déclarés responsables vis-à-vis de la femme du défaut d'emploi ou de remploi de capitaux remboursés ou de valeurs aliénées.

Mais, cette assimilation est inexacte : le remploi est une opération précise qui consiste à remplacer par une valeur déterminée et équivalente, dans le patrimoine d'une personne dont les biens sont sujets à remploi, la somme d'argent provenant de l'aliénation d'un bien propre à cette personne.

Or, le tiers qui consacre le prix qu'il doit à une femme mariée à l'achat d'une de ces valeurs, se trouve avoir satisfait à l'obligation de surveiller le remploi qui était pour ainsi dire une condition mise à son acquisition.

Cette obligation de surveiller le remploi est donc pour les tiers relativement assez facile à remplir.

Il n'en serait pas de même de la prescription qui serait imposée à ces mêmes tiers de faire inscrire l'hypothèque légale de la femme mariée.

Indépendamment de la crainte qu'on peut avoir qu'en l'absence de sanction, l'interrogation dont parle le projet dont ncus nous occupons, soit faite au mari d'une manière superficielle ou bien que, ce qui revient au même, elle reste sans réponse, on peut se demander si les tiers qui auront contracté avec des gens mariés auront une instruction juridique suffisante pour discerner si les sommes qu'ils ont à verser sont susceptibles de faire l'objet d'une reprise au profit de la femme et à ce titre nécessiter l'inscription de l'hypothèque légale sur les biens du mari.

En ce qui concerne l'emploi ou le remploi des biens propres de la femme aliénés ou remboursés, le tiers qui contracte avec la femme mariée connaît parfaitement l'étendue de son obligation ; le contrat de mariage de la personne avec laquelle il traite est là pour lui indiquer les biens soumis au remploi.

Mais, lorsqu'un immeuble est vendu conjointement par le mari et par la femme, sous le régime de communauté de biens, il est souvent assez délicat de déterminer si cet immeuble constitue un propre de la femme et nécessite par suite l'inscription de l'hypothèque légale sur les biens du mari. La résolution de cette question suppose la connaissance des caractères qui distinguent le conquêt de communauté de l'immeuble qui reste propre à l'époux.

Et les tiers, pour trancher cette difficulté, se trouveront d'autant plus embarrassés que le paiement du prix de l'immeuble vendu aura lieu le plus souvent hors la présence du notaire rédacteur du contrat, qui, mieux que personne serait à même de donner à l'acquéreur des conseils utiles.

On ne pourrait pas, d'autre part, imposer au tiers acquéreur l'obligation de faire inscrire l'hypothèque légale de la femme au moment de la rédaction du contrat, car il est impossible de dire si le prix qui est stipulé payable à terme sera jamais versé entre les mains du mari et si, par suite celui-ci pourra, un jour donné, être rendu responsable de ce prix.

Le système que nous examinons aurait donc pour résultat, s'il passait dans noslois ou bien d'encombrer les registres des conservateurs des hypothèques d'inscriptions inutiles ou bien de rester sans application.

Ces deux résultats possibles suffisent pour le faire rejeter.

Avant-projet de réforme présenté par la sous-commission juridique du cadastre.

L'avant-projet dont nous voulons parler ici a été élaboré par une commission instituée par décret du 30 mai 1891 et composée de jurisconsultes éminents parmi lesquels il faut citer MM. Bufnoir, Massigli, Challamel, Léon Say, Poincarré, Léon Michel.

La partie consacrée à l'hypothèque légale de la femme mariée doit attirer notre attention. Voici d'après le rapport de M. Challamel les grandes lignes de ce projet.

La sous-commission maintient cette hypothèque ; mais elle la soumet, comme toutes les autres charges réelles, au droit commun de la spécialité et de la publicité.

Cette hypothèque ne pourra valoir que par l'inscription et l'inscription elle-même ne sera possible qu'au moyen d'une détermination préalable du chiffre de la créance à garantir.

Pour la femme mariée, la détermination de l'hypothèque légale peut résulter soit du contrat de mariage, soit d'un acte de la femme au cours du mariage.

Lorsque les futurs époux font un contrat, la future épouse déclarera donc au notaire rédacteur du contrat pour quelle somme, pour quelles causes et sur quels immeubles elle désire que l'inscription soit prise dès à présent.

L'inscription faite en conséquence à la diligence du notaire, dans la huitaine du contrat, produira effet à sa date, même avant la célébration du mariage tant pour les créances résultant des conventions matrimoniales que pour les créances futures jusqu'à concurrence de la somme à laquelle elles auront été évaluées.

Si la future épouse déclare, au contraire, qu'elle n'entend pas inscrire présentement son hypothèque, sa réponse mentionnée expressément dans l'acte dégagera de toute responsabilité le notaire chargé de l'interpeller à ce sujet. Au reste, cette déclaration négative n'est pas une renonciation au droit de prendre inscription ultérieurement. Les circonstances peuvent changer, les reprises peuvent augmenter d'importance, l'administration du mari peut donner de justes sujets d'appréhension, de nouveaux immeubles peuvent lui advenir ; son droit hypothécaire ne disparaît donc pas pour n'être pas exercé à ce moment ; l'inscription seule est différée.

Il en serait autrement si la restriction de l'hypothèque légale à tel ou tel immeuble du mari avait fait l'objet d'une convention expresse dans le contrat.

A cet égard, le projet se borne à reproduire le principe posé dans l'article 2140 du Code civil, avec cette différence toutefois, qu'il n'est plus fait de distinction à raison de la majorité ou de la minorité des futurs époux.

Voyons maintenant comment se fera la détermination de l'hypothèque légale au cours du mariage.

Toutes les fois que les époux passeront devant notaire un acte d'où résulte une cause de créance de la femme contre son mari, le notaire devra soulever d'office la question de l'inscription de l'hypothèque légale et, s'il a conscience que les intérêts de la femme courent un péril, il devra lui faire les représentations convenables.

A cette interpellation, la femme ou son mandataire répondra selon qu'elle jugera bon de le faire pour la sauvegarde de ses droits. Pour dégager la responsabilité du notaire, l'acte fera mention de cette réponse.

Mais s'il n'est pas rédigé d'acte, la femme se trouve réduite à sa propre initiative. Elle pourra elle-même, ainsi qu'elle avisera, déterminer le montant de l'inscription. Si l'inscription était excessive, le mari aurait la ressource d'en demander la réduction.

La détermination de l'hypothèque légale pourra être aussi requise par les parents et alliés des époux en ligne directe ou au degré de frère ou sœur et d'oncle ou tante, mais seulement en vertu d'une ordonnance rendue sur simple requête par le président du tribunal civil du domicile du mari.

Le même droit appartient aux créanciers de la femme en vertu d'un jugement rendu par la Chambre du conseil, lorsque sa dot est mise en péril ou qu'il y a lieu de craindre pour le recouvrement des droits et reprises qui pourraient faire l'objet d'une inscription.

Une fois l'hypothèque déterminée, qui doit en requérir l'inscription ? Lorsque la détermination est l'œuvre propre de la femme ou lorsqu'elle a été sollicitée par la voie gracieuse, par ses parents ou alliés, nul autre que l'intéressée ne peut être chargé de ce soin. Mais quand l'hypothèque aura été déterminée dans un acte notarié, il convient que l'inscription soit prise à la diligence du notaire et sous sa responsabilité. Les parties pourront, il est vrai, surveiller l'accomplissement de la formalité et suppléer au besoin le notaire ; l'obligation qui incombe à celui-ci n'en demeure pas moins formelle.

Cette inscription que le notaire est chargé de requérir doit être opérée dans le plus bref délai. Lorsque l'hypothèque est déterminée par le contrat de mariage, l'inscription devra être prise autant que possible avant la célébration du mariage. Le délai imparti est de huitaine.

Lorsque des inscriptions prises sont manifestement excessives, la restriction ou la réduction en pourra être ordonnée par le tribunal statuant en la chambre du conseil. Cette disposition est le correctif de la faculté laissée à la femme d'évaluer à son gré le montant des créances qu'elle entend garantir par l'inscription.

A côté de l'avant-projet de la sous-commission juridique du cadastre, il convient de placer le projet déposé au Sénat par le Gouvernement le 27 octobre 1896.

Les Rédacteurs de ce projet se sont très fortement inspirés des travaux de la sous-commission juridique ; aussi, à raison des ressemblances qui existent entre les deux projets, présenterons-nous nos observations critiques seulement après l'analyse du projet du Gouvernement ; nous indiquerons ensuite, pour terminer, les quelques différences qui peuvent les séparer.

Projet du Gouvernement du 27 *octobre* 1896 (1).

Ce projet fait rentrer, si nous pouvons nous exprimer ainsi l'hypothèque légale de la femme mariée dans le droit commun.

Il la soumet au double principe de la publicité et de la spécialité. Il stipule, en effet, qu'à l'avenir (art. 17 *in fine* et 18) cette hypothèque n'aura d'effet vis-à-vis des tiers et ne prendra rang parmi les autres hypothèques qui pourront frapper les biens du mari, que du jour de

(1) Annexe nº 2 au procès-verbal de la séance du Sénat du 27 octobre 1896.

l'inscription prise sur les registres du conservateur dans les formes et de la manière prescrites par la loi.

D'après le projet de loi que nous analysons (art. 19 et 20) l'hypothèque légale de la femme pourra être inscrite à deux périodes bien distinctes. Elle pourra d'abord l'être au début du mariage, lors de la signature du contrat.

A cet effet, l'article 19 stipule notamment que le contrat désignera ceux des immeubles du mari sur lesquels portera l'hypothèque et qu'à défaut de désignation l'hypothèque portera sur tous les immeubles du mari.

En second lieu, l'hypothèque légale de la femme pourra être inscrite au cours du mariage (art. 20) chaque fois que cela sera nécessaire, notamment lorsque, durant cette période, il sera versé entre les mains du mari une somme appartenant en propre à la femme.

Nous avons déjà signalé les difficultés pratiques que présenteraient de semblables dispositions ; aussi nous contenterons-nous de faire remarquer que l'article 19 du projet que nous étudions, bien qu'il prescrive au notaire de prévenir les parties que l'hypothèque n'aura d'effet que par l'inscription, n'impose à personne l'obligation de la requérir. Il pourra donc très bien arriver, comme cela se produit dans l'état actuel de notre législation, que ceux qui seraient autorisés à faire inscrire cette hypothèque ou qui auraient pour devoir de la faire inscrire, comme le mari, par exemple, n'en prennent pas l'initiative. Or, dans le système du projet de loi

que nous examinons, cela présenterait de bien plus
graves dangers que sous l'empire de la législation exis-
tante, puisque, d'après ce système, l'hypothèque de la
femme n'est opposable aux tiers que si elle est inscrite.
La femme se trouverait par suite complètement dé-
sarmée.

L'article 20 du même projet présente les mêmes
inconvénients que ceux qui viennent d'être signalés.
Il dit bien, en ce qui concerne l'hypothèque à inscrire
au cours du mariage, qu'elle sera prise par le mari ou
par la femme, celle-ci sans autorisation de son mari.

Il ajoute que certaines personnes dont il fait l'énu-
mération pourront également requérir cette inscription avec l'autorisation du président du tribunal du
domicile du mari. Mais il ne rend cette inscription
obligatoire pour aucune de ces personnes et n'édicte
aucune sanction. C'est à peu de chose près la reproduc-
tion de l'article 2139 du Code civil.

Or, comme nous le disions tout à l'heure pour l'inscription de l'article 19, il est bien à redouter que l'inscription autorisée par l'article 20 du projet ne soit
prise par personne. Ce serait se leurrer étrangement
que de supposer que le mari, au moment où son crédit
est menacé, aille l'anéantir lui-même, simplement pour
obéir au vœu de la loi.

Quant à la femme, son état de dépendance vis-à-vis
du mari ne lui permet guère d'agir, même si elle connaît la situation, un sentiment de déférence mal en-

tendu peut l'empêcher de requérir inscription. Pour les autres personnes qui sont admises à prendre cette mesure, l'intérêt qu'elles portent à la femme ou leur intérêt personnel si elles sont les successibles de celle-ci pourront évidemment les inciter à faire le nécessaire. Mais, comme elles doivent pour cela s'adresser au président du tribunal du domicile du mari, la crainte des responsabilités les arrêtera le plus souvent et paralysera leur bonne volonté.

Ainsi que nous venons de le voir par l'analyse de l'avant-projet de la sous-commission juridique et par celle du projet du Gouvernement, la plupart des dispositions de ces deux projets sont communes, seules quelques différences sont à signaler ; elles sont très légères.

Tandis que l'avant-projet de la sous-commission charge le notaire de prendre inscription lors de la rédaction du contrat de mariage et lui impose l'accomplissement de cette obligation dans un délai de huitaine, le projet du Gouvernement dispose que le notaire doit seulement prévenir les parties que l'hypothèque n'aura d'effet que par l'inscription et mention de cet avertissement doit être faite dans le contrat.

Pour les motifs que nous avons indiqués précédemment, nous ne croyons pas que l'obligation ainsi imposée au notaire puisse être effective. La plupart du temps, ainsi que nous l'avons dit plus haut, il n'aura pas entre les mains les éléments nécessaires pour prendre utilement inscription sur des immeubles spécialement désignés. Pour se mettre alors à l'abri de toute responsabilité, il insèrera la dispense d'inscription que l'avant-projet prescrit qui deviendra certainement de style, faute par la femme de comprendre exactement la portée de cette renonciation.

De plus, tandis que l'article 20 du projet du Gouvernement se contente de dire que : « Toute inscription qui pourrait devenir nécessaire pendant le mariage sera prise par le mari ou la femme elle-même, sans aucune autorisation sur des immeubles et pour des sommes déterminées », l'article 6, § 1, de l'avant-projet de la sous-commission juridique s'exprime ainsi : « S'il est rédigé un acte notarié qui constate l'aliénation ou l'acquisition par la femme, attribution à son profit par voie de partage ou autrement de biens mobiliers ou immobiliers, quittances de deniers propres, obligation ou renonciation à un droit dans l'intérêt du mari, même au profit d'un tiers, le notaire devra interpeller la femme de déclarer si elle entend que son hypothèque soit inscrite pour la garantie des droits qui peuvent en résulter, sur quels immeubles et pour quelles sommes. »

La disposition de ce dernier article est évidemment préférable à celle de l'article 20 du projet du Gouvernement, en ce qu'elle impose au notaire l'obligation d'interpeller la femme sur l'inscription de son hypothèque légale dans les divers cas qu'elle prévoit ; mais il y a lieu de se demander si le notaire aura souvent l'occasion d'accomplir sa mission.

En ce qui concerne l'aliénation ou l'acquisition de biens mobiliers, il faut tout d'abord remarquer que les notaires ne constatent que rarement les transactions qui ont des meubles pour objet.

D'autre part, pour les aliénations qui s'appliquent à des immeubles, nous avons déjà vu que très peu de ventes de ces sortes de biens ont lieu moyennant un prix payé comptant. En prenant inscription lors du contrat, on s'exposerait à garantir la restitution d'une somme qui ne sera peut-être jamais encaissée par le mari.

Quant aux partages dont parle notre article, ils ne sont en général passés devant notaires qu'autant que préalablement à la division des lots, il est nécessaire d'établir une liquidation de reprises et de récompenses.

Enfin en ce qui concerne les réceptions de deniers propres à la femme, elles sont rarement constatées par acte notarié à cause des droits d'enregistrement assez élevés qu'entraînent ces sortes d'actes, droits auxquels les parties peuvent se soustraire et se soustraient en fait en rédigeant des quittances sous seings privés.

Il ne reste donc plus que les obligations que les femmes contractent conjointement avec leurs maris: celles-là doivent être constatées par acte notarié quand elles sont garanties par une constitution d'hypothèque, mais dans ce dernier cas, l'hypothèque légale est toujours inscrite par les soins du créancier, au profit duquel la femme consent presque toujours une subrogation dans l'effet des droits qu'elle peut avoir à exercer contre son mari.

Si nous exceptons ce dernier cas, la femme passe donc en dehors des notaires les principaux actes qui peuvent faire naître pour elle des chefs de reprises contre son mari. Peut-on espérer que dans ces conditions son hypothèque sera souvent inscrite. Il ne faut guère y songer. Alors que dans l'état actuel de notre législation la femme ne fait pas inscrire son hypothèque lorsqu'elle est mise en demeure de le faire, il est à craindre qu'elle ne le fasse pas davantage si personne ne l'y invite.

Nous en avons fini avec l'étude des moyens qui ont été proposés pour rendre publique l'hypothèque légale de la femme mariée. Il nous reste maintenant à établir qu'alors même que l'on pourrait arriver à organiser la publicité de cette hypothèque d'une manière satisfaisante, on se trouverait encore dans l'impossibilité de déterminer le chiffre pour lequel l'inscription devrait être prise.

En effet, en admettant que l'on puisse faire procéder d'office soit par les notaires, soit par le Procureur de la République, soit par l'officier de l'état civil, soit encore par le conservateur des hypothèques à l'inscription de l'hypothèque légale de la femme mariée, il existe encore un inconvénient qui ne manque pas que d'être sérieux.

C'est la difficulté dans laquelle se trouvera l'inscrivant de fixer exactement le chiffre de la créance de la femme pour lequel il conviendra de prendre hypothèque.

Le contrat de mariage peut assurément servir de base. Mais, ainsi que nous l'avons vu, les créances de la femme contre son mari ne résultent pas seulement de sa dot et de ses apports tels qu'ils sont constatés par le contrat de mariage. Il peut se produire au cours du mariage une foule de circonstances qui donnent naissance à de nouvelles créances au profit de la femme contre son mari, comme si, par exemple, le mari administre mal les biens de sa femme ou s'il commet à son préjudice un délit ou un quasi-délit.

En un mot, les dettes du mari à l'égard de la femme sont futures et éventuelles. Or, comment dans ces conditions est-il possible de fixer exactement le montant de la créance pour laquelle l'inscription doit être prise.

Ce ne peut être qu'une évaluation approximative. Or, les tiers s'ils s'en rapportent à cette évaluation peuvent très bien subir des mécomptes.

Supposons, en effet, que sur un immeuble du mari ayant une valeur de 100.000 francs, on ait inscrit l'hypothèque légale de la femme jusqu'à concurrence de 30.000 francs, les tiers, s'ils se fient à cette évaluation se diront qu'ils peuvent consentir un prêt jusqu'à concurrence de 70.000 francs.

Mais plus tard, par suite des circonstances que nous

avons signalées et dans lesquelles les tiers n'ont pas à intervenir, la créance de la femme qui, au moment de l'inscription de l'hypothèque n'était que de 30.000 francs se trouvera portée à 60.000 fr., par exemple.

Il s'ensuivra que les tiers qui s'en seront rapportés à l'inscription seront exposés à perdre la plus grande partie de leur capital.

Ainsi qu'on le voit, même si l'hypothèque légale est inscrite, les tiers courent un véritable danger ; et malgré toutes les recherches auxquelles on pourrait se livrer, malgré toutes les précautions qu'on pourrait prendre, il ne semble guère que ce danger soit susceptible d'être évité.

II. — Remèdes aux dangers qui menacent la femme.

Nous avons déjà établi que l'hypothèque légale de la femme mariée, telle que la réglemente notre Code civil, non seulement expose les tiers aux plus fâcheuses surprises et prive le mari de tout crédit, mais encore par surcroît tourne souvent au détriment de la femme.

L'hypothèque légale, loin de servir les intérêts de la femme mariée, lui est au contraire préjudiciable, et non seulement elle lui est préjudiciable, mais encore elle est illusoire et ne la protège pas, puisque, à chaque instant, la femme est amenée pour sauver le crédit de son mari à renoncer à cette garantie.

§ 1. — Doit-on doubler l'hypothèque légale de la femme mariée d'un privilège ?

Pour remédier à la situation dont nous venons de parler, certains auteurs ont émis l'idée de doubler l'hypothèque légale de la femme mariée d'un privilège sur les meubles de son mari, en un mot, de conférer à la femme pour le recouvrement de sa dot et de ses reprises, un privilège analogue à celui dont jouissent les créances énoncées en l'article 2101 du Code civil. De cette façon, la restitution de sa dot et le paiement des autres créances que la femme peut avoir contre son mari se trouveraient garanties, non seulement par les immeubles de ce dernier mais encore par son mobilier. Comme la fortune de nos jours, tend de plus en plus à devenir mobilière, cette garantie pourrait ne pas être illusoire.

La Cour de Lyon, lors des discussions qui précédèrent le Code civil avait senti la fragilité de l'hypothèque légale de la femme telle qu'on voulait l'organiser ; aussi proposait-elle qu'on rendit aux femmes mariées, par un privilège sur les valeurs mobilières de leurs maris, l'équivalent de ce que leur enlevaient les lois nouvelles. Elle proposait de placer ce privilège au dernier rang dans les termes suivants :

« La femme non commune en biens ou séparée de biens, soit par contrat de mariage, soit par jugement, a un privilège sur tous les biens meubles de son mari, dans tous les cas où la loi accorde l'hypothèque légale

sur les immeubles, à la charge de donner caution de
rapporter le montant des gains de survie si elle prédé-
cède son mari et d'en payer pendant qu'il vit l'intérêt
aux créanciers ; elle a même le droit d'empêcher la
vente des meubles de son mari en les prenant, au prix
de l'estimation, à la charge de payer tous les créanciers
privilégiés à elle et de rapporter aux autres l'excédent
s'il y a lieu. »

Pour justifier cette décision, le tribunal d'appel de
Lyon disait :

Dans tout le ressort du tribunal d'appel de Lyon et
dans la majeure partie de la République, les femmes
ont, pour leur dot et pour leurs reprises un privilège
sur les effets mobiliers de leurs maris qui s'étend même
sur les dettes actives et ce qui est réputé mobilier, sauf
les restrictions dans les cas où les maris ont des socié-
tés de commerce et autres restrictions qui forment un
article additionnel au titre de la société.

Ce privilège, fondé sur les lois romaines et sur le texte
de plusieurs coutumes et statuts locaux, ne diffère dans
les départements qui l'admettent que par la manière de
l'exercer.

Dans quelques-uns, il s'exerce comme hypothèque ;
dans d'autres, par un droit qu'on nomme *insistance*, la
femme reste en possession des meubles jusqu'à ce que
les créanciers l'aient payé. Partout il est subordonné
aux privilèges préférables.

Les motifs de ce privilège sont :

1° Qu'en général, la femme et ses parents, quand ils confient la dot, ont en grande considération le mobilier du mari, surtout s'il est banquier, marchand, artisan ou capitaliste ;

2° Que la loi doit favoriser les dots afin d'encourager les mariages par l'espoir de la subsistance de la commune famille ;

3° Qu'il y a une sorte d'inhumanité à chasser de la maison et à priver des meubles les plus nécessaires une femme et de malheureux enfants ;

4° Que, puisqu'on fonde des privilèges sur l'équité, il doit bien être accordé à la femme une préférence sur de simples prêteurs dont la créance est plus récente, moins certaine et quelquefois suspecte.

Cette demande était conforme à l'un des projets préparatoires du Code civil. Celui de Cambacérès présenté au Conseil des Cinq-Cents, comprenait parmi les créances privilégiées sur les meubles, article 1102 et au dernier rang, les reprises des femmes sur les biens de leurs maris.

Mais cette disposition disparaît lors du travail de l'an VIII émané de la commission du Gouvernement. Sans doute, on l'écarta comme un écho des traditions dotalistes des pays de droit écrit qui avaient complètement disparu de la commission, au point que le régime dotal n'y était pas admis même à titre d'exception.

On crut avoir satisfait à toutes les nécessités lorsque, par une transaction entre le droit écrit et le droit coutumier, on eut adopté le régime de communauté comme le droit commun de la France, avec faculté aux parties d'y déroger par des conventions spéciales qui pourraient aller jusqu'à l'adoption du régime dotal. On crut, sauf les prohibitions de ce dernier régime que les femmes mariées seraient suffisamment protégées par les garanties qu'on leur accordait sous le nom identique, mais en réalité bien moins étendu que l'hypothèque légale de la Coutume de Paris (1).

Quoi qu'il en soit, il suffit de réfléchir un peu pour voir que la transformation de l'hypothèque légale de la femme en un privilège général sur les meubles et les immeubles de son mari ne lui apporterait pas la sécurité qui lui manque.

En effet, le privilège sur les objets mobiliers ne peut s'exercer qu'autant que ceux-ci restent en la possession du débiteur. Il disparaît dès qu'ils en sont sortis, sauf bien entendu le droit d'opposition sur les deniers de la vente. En un mot, suivant le vieil adage « les meubles n'ont pas de suite par hypothèque », le tiers détenteur d'un meuble ne peut pas, comme l'acquéreur d'un immeuble grevé d'hypothèque, être astreint à payer ou à délaisser.

Or, si pour la garantie de sa dot et de ses créances matrimoniales, la femme était pourvue d'un privilège sur le mobilier de son mari, on se demande comment

(1) Fenet, *Recueil complet des travaux préparatoires du Code civil*, t. IV, p. 229.

ce privilège pourrait s'exercer et si, dans l'application, il pourrait produire effet.

Pour que la sûreté résultant de ce privilège pût être sérieuse, il faudrait que le mari n'eût pas la faculté d'aliéner son mobilier, ou tout au moins qu'il ne pût en disposer qu'avec l'assentiment et le concours de sa femme.

Mais est-ce qu'une pareille situation ne choquerait pas le bon sens? Ne serait-elle pas, au surplus, en contradiction formelle avec les principes admis en matière d'autorisation maritale? Les rôles seraient renversés, puisque le mari ne pourrait rien faire, même vendre un objet de la plus minime valeur sans le consentement de sa femme. Cela est absolument inadmissible.

Nous ajouterons, au surplus, que, sauf certaines exceptions prévues par l'article 2102 du Code civil, notamment au profit du bailleur, exception qui a été mise en lumière par une loi récente du 11 juillet 1892, les créanciers ayant privilège sur les meubles de leur débiteur ne sont pas admis à les revendiquer. Ils n'ont que le droit de faire opposition sur le prix. Et encore faut-il, pour qu'ils puissent exercer ce droit, que le prix n'ait pas été payé comptant et qu'ils aient connaissance de la vente.

La femme n'aurait donc aucun moyen de s'opposer à ce que son mari dispose du mobilier sur lequel porterait son privilège, et elle n'aurait aucun recours contre les tiers qui s'en seraient rendus acquéreurs.

Une seule ressource lui resterait, celle de faire usage à son profit de l'article 1167 du Code civil, qui permet aux créanciers d'attaquer les actes faits par leur débiteur en fraude de leurs droits.

Mais, pour pouvoir recourir à l'action paulienne, il faudrait, s'il s'agissait tout au moins d'une aliénation à titre onéreux, que la femme prouvât à la fois la fraude de son mari et celle du tiers avec lequel il aurait contracté.

Par ce qui précède, il est facile de se rendre compte que la concession d'un privilège sur le mobilier de son mari pour la garantie de sa dot et de ses reprises n'augmenterait en rien la sécurité de la femme mariée ; en tout cas, pour pouvoir être exercé utilement, ce privilège entraînerait au moins autant d'inconvénients que l'hypothèque légale.

§ 2. — Doit-on remplacer l'hypothèque légale de la femme mariée par un cautionnement ?

On a également proposé de remplacer l'hypothèque légale de la femme mariée par un cautionnement. Cette idée avait déjà été émise lors de l'enquête de 1841 par la Faculté de droit de Paris, qui demandait que les maris et les tuteurs fussent admis suivant les circonstances, à suppléer l'hypothèque légale par une garantie personnelle. Le projet de loi déposé par le Gouvernement le 27 octobre 1896 et dont nous avons eu déjà l'occasion de nous occuper a repris cette proposition, et dans son article 21, il dispose : que l'hypothèque légale de la femme peut être remplacée en tout ou en partie par un cautionnement dont les conditions sont déterminées soit par le contrat de mariage, soit par le tribunal du domicile du mari statuant en chambre du conseil, sur simple requête.

On peut se demander à quel mobile la Chancellerie a obéi en proposant le remplacement de l'hypothèque légale de la femme par un cautionnement.

A-t-elle voulu parer aux dangers que nous avons indiqués et qui résultent de ce que la fortune publique étant devenue surtout mobilière, l'hypothèque légale de la femme devient par suite une garantie illusoire puisqu'elle ne peut porter que sur des immeubles.

N'a-t-elle pas voulu également en permettant au mari de fournir un cautionnement en remplacement de l'hypothèque légale, remédier à l'inconvénient que fait éprouver au mari cette circonstance qu'en frappant tous ses immeubles, l'hypothèque légale les rend pour ainsi dire indisponibles.

Mais quelle qu'ait été l'intention qui a guidé la Chancellerie dans la rédaction de l'article 21 du projet, il est impossible, tant cette matière présente de difficultés, de ne pas reconnaître que l'obligation pour le mari de fournir un cautionnement souvent fort considérable, serait aussi gênante pour le mari que l'hypothèque légale elle-même.

Supposons, en effet, un mari commerçant. L'obliga-

tion où il se trouverait de déposer à la Caisse des dé-
pôts et consignations la plus grande partie de sa fortune
mobilière pour garantir la restitution de la dot de sa
femme, serait de nature à l'entraver et à paralyser ses
affaires. Nous nous demandons en tout cas, si l'obligation de fournir un cautionnement ne serait pas plus
gênante pour le mari qu'un privilège général sur son
mobilier dont nous avons proposé la création comme
susceptible de remplacer l'hypothèque légale.

Nous pouvons faire observer en outre que la récep-
tion de la dot deviendrait illusoire, puisqu'elle aurait
pour contre-partie l'immobilisation d'une somme équivalente.

Nous devons reconnaître cependant, que le remplacement de l'hypothèque légale de la femme mariée par
un cautionnement serait très favorable aux tiers en fa-
cilitant les transactions immobilières que l'hypothèque
légale tend à entraver, en les rendant beaucoup plus
sûres.

§ 3. — **Doit-on accroître la capacité de la femme ?**

Le troisième remède consisterait à accroître la capacité de la femme ou, autrement dit, à restreindre et à
diminuer les pouvoirs du mari. C'est parce que ce dernier a en général des pouvoirs très étendus sur les biens
de sa femme, que celle-ci a besoin d'une sûreté telle
que l'hypothèque légale pour se garantir contre la mauvaise gestion de son mari.

La solution de la question se trouve dans le choix du régime matrimonial qui sera adopté par les époux lors de la célébration du mariage.

Parmi les conventions matrimoniales dont les époux ont la faculté de faire la base de leur union, celles qui offrent à la femme le plus de sécurité, celles dans lesquelles ses intérêts courent le moins de risques, sont le régime dotal et celui de la séparation de biens.

Il nous reste à passer en revue ces deux régimes et à voir les avantages que la femme est susceptible de retirer de leur adoption pour parer aux dangers de l'hypothèque légale.

1° *Régime dotal.*

Sous ce régime, aux termes de l'article 1541 du Code civil, tout ce que la femme se constitue ou qui lui est donné par contrat de mariage est dotal s'il n'y a pas de stipulation contraire.

Aux termes de l'article 1549 du même Code, le mari seul a l'administration des biens dotaux pendant le mariage. Il a seul droit de poursuivre les débiteurs et détenteurs, d'en percevoir les fruits et les intérêts et de recevoir le remboursement des capitaux. Mais, ce qui est le caractère essentiel de ce régime, ce qui en constitue pour ainsi dire la clef de voûte, c'est l'inaliénabilité des biens que la femme s'est constitués en dot.

Cependant, s'il n'existe aucune difficulté sur la question de savoir si le principe de l'inaliénabilité s'applique aux immeubles, leur aliénation étant formellement prohibée par l'article 1554 du Code civil, il n'en est pas de même, en ce qui concerne le mobilier. Une très grande controverse existe dans la doctrine sur le point de savoir si les meubles que la femme s'est constitués en dot peuvent ou non être aliénés durant le mariage. « Pour soutenir l'inaliénabilité de la dot mobilière, dit M. Guillouard, on invoque principalement l'ancien droit, le texte des articles 1555 et 1556 et enfin l'inutilité du régime dotal adopté par les époux, si la dot mobilière est aliénable et que la femme n'ait que des meubles (1).

Après avoir exposé la théorie qui repose sur les trois arguments que nous venons d'indiquer, le même auteur ajoute (2) : ces raisons sont loin de nous paraître décisives. Au point de vue historique, c'est chose grave de voir l'aliénabilité de la dot admise en droit romain et si, dans notre ancien droit, non pas tous les pays de droit écrit, mais quelques pays de droit écrit admettaient l'inaliénabilité de la dot mobilière, il n'est pas probable *à priori* que les rédacteurs du Code, si peu favorables au régime dotal, aient adopté la rigueur qu'y avaient ajoutée la jurisprudence de certains Parlements.

Enfin, l'éminent jurisconsulte dont nous empruntons ici l'avis, tire des travaux préparatoires et de la combinaison des articles du Code civil ayant trait à l'i-

(1) Guillouard, *Contr. de mar.*, t. IV, p. 346.
(2) *Ibid.*, p. 348.

naliénabilité du fonds dotal cette conclusion, que la dot mobilière est aliénable.

Telle est également la conclusion de M. Laurent (1) : « Pourquoi chercher des arguments juridiques à l'appui d'une doctrine qu'aucun argument ne peut justifier puisque l'inaliénabilité du mobilier dotal ne pourrait être admise qu'en vertu d'un texte formel et que ce texte n'existe pas. » Avouons-le, la jurisprudence nouvelle, de même que celle des Parlements, a fait la loi en obéissant aux exigences d'un état social qui diffèrent entièrement de la société romaine. Notre société est devenue industrielle et commerciale : la richesse mobilière presque inconnue des Romains prend une importance tous les jours croissante ; il en résulte que les dots mobilières sont la règle et la dot immobilière l'exception. Le régime romain ne suffit donc plus pour garantir les intérêts de la femme, si l'on veut maintenir le régime dotal, il faut étendre l'inaliénabilité à la dot mobilière. C'est ce qu'a fait la jurisprudence, la législation avait seule le droit de le faire.

La plupart des auteurs enseignent une opinion conforme à celle de MM. Guillouard et Laurent.

La jurisprudence, comme l'a indiqué par avance le passage que nous avons emprunté à ce dernier auteur, décide, au contraire, unanimement que le mobilier que la femme s'est constitué en dot est inaliénable.

---

(1) Laurent, *Droit civil*, t. 28, n° 543.

Mais elle admet ce principe avec des tempéraments
qui en détruisent pour ainsi dire l'efficacité. Elle estime
notamment, qu'il convient de concilier l'inaliénabilité
avec les pouvoirs qui appartiennent au mari comme
administrateur de la dot. Ainsi que nous l'avons dit
plus haut, celui-ci, aux termes de l'article 1549 du Code
civil, a seul l'administration des biens dotaux pendant
le mariage et ces pouvoirs lui permettent, dans des
hypothèses assez nombreuses, de disposer de la dot
mobilière.

Cette dernière, en effet, n'offre pas les mêmes conditions de stabilité que la dot immobilière et, parfois,
pour conserver à la famille les ressources qu'elle doit
lui procurer, il est nécessaire que le mari qui l'administre en opère la transformation.

En un mot, la jurisprudence permet au mari d'aliéner la dot mobilière toutes les fois qu'il le juge utile
aux intérêts de la famille, et l'effet le plus saillant sinon
le seul qui résulte d'après les arrêts de la Cour de cassation du principe de l'inaliénabilité de la dot mobilière, réside dans l'impossibilité pour la femme de renoncer à son hypothèque légale sur les biens de son
mari, hypothèque qui a précisément pour but de la
garantir contre la mauvaise administration de celui-ci.

« Attendu, dit un arrêt de la Cour de cassation du
6 décembre 1859 (1) que la dot mobilière soumise par

(1) Sirey, 1860.1.644. *Adde* : Cass., 1ᵉʳ août 1866, S. 1866.1.363.

sa nature même à des chances d'altération ou de perte,
devait dans les vues du législateur comporter tous actes
de disposition qui permettraient au mari d'en faire
l'emploi le plus utile à l'intérêt de la famille que, dans
le silence de la loi, il n'y a aucune raison de distinguer
entre les choses fongibles ou les créances exigibles et
les choses qui ne se consomment pas par l'usage ou les
droits incorporels productifs de revenus à des époques
périodiques, qu'il peut y avoir utilité soit à transiger
sur un droit mobilier en présence ou en prévision d'un
litige, soit à faire cession d'une créance non exigible,
soit à convertir comme dans l'espèce une rente viagère
en un capital destiné à assurer l'avenir de la famille.

Attendu que sauf le cas de concert frauduleux entre
le mari et les tiers, ces appréciations et ces actes ren-
trent dans les limites des pouvoirs du mari sur la dot
mobilière ; que si à côté des avantages d'une administration intelligente et sage se présentent les dangers
d'une gestion imprudente, c'est aux conventions matrimoniales d'y obvier, que, à défaut de stipulations spéciales, il y est pourvu dans la mesure que la loi a jugée
suffisante par la responsabilité du mari avec la garantie de l'hypothèque légale sur tous ses immeubles ; que
c'est ce recours hypothécaire de la femme qui ne peut
être aliéné par elle ; qu'ainsi pour la femme la règle de
l'inaliénabilité quant à la dot mobilière se traduit dans
l'impuissance légale de renoncer même avec l'autorisation de son mari aux créances résultant pour elle de la

responsabilité encourue par celui-ci dans l'exercice du pouvoir d'administration qui lui appartient. »

La conclusion qu'il convient de tirer de toute cette discussion est la suivante. Étant donné l'accroissement de la fortune mobilière qui tend à se substituer de plus en plus à la fortune immobilière, le régime dotal n'offre guère plus de sécurité pour la femme que le régime de la communauté, puisque si, sous le premier de ces régimes, la dot mobilière de la femme, d'après la jurisprudence, étant aussi inaliénable en principe que la dot immobilière, le mari puise néanmoins dans ses pouvoirs d'administration le droit de l'aliéner quand cela lui paraît nécessaire aux besoins de la famille.

D'autre part, l'adoption du régime dotal ne fait pas disparaître quelques-uns tout au moins des dangers que nous avons signalés et qui résultent pour la femme de l'hypothèque légale, puisque, pour se protéger contre les risques que lui fait courir la mauvaise administration de son mari, elle a besoin d'une garantie. Or, cette garantie qui n'est autre que l'hypothèque légale est, nous l'avons dit, tout à fait illusoire, en ce sens que cette hypothèque ne peut porter que sur des immeubles et qu'il peut très bien arriver que le mari n'en possède aucun.

2º Séparation de biens.

Le régime qui, à coup sûr, offre le plus de sécurité à la femme, celui qu'à cause de cela il lui conviendrait d'adopter de préférence, c'est le régime de la séparation de biens. Sous ce régime, en effet, la femme a l'administration de ses biens. Elle peut recevoir ses capitaux, disposer de son mobilier et l'aliéner sans l'assistance et l'autorisation de son mari.

Ce régime comporte donc une dualité de patrimoine ; les fortunes des conjoints ne sont pas confondues, chacun d'eux administre la sienne à son gré, en jouit comme il l'entend, tout en prélevant les sommes nécessaires pour subvenir aux charges communes. La subordination de la femme quant à ses biens n'existe plus ; elle est indépendante pour la gestion de ses intérêts.

On conçoit très bien que, sous ce régime, puisque le mari n'a pas le droit d'aliéner sans contrôle les biens de sa femme, qu'il n'a pas la libre disposition d'une chose qui ne lui appartient pas, l'hypothèque légale de la femme ne soit pas pour elle d'une bien grande utilité.

Pour parer aux inconvénients que nous avons signalés, le régime de la séparation de biens serait certainement le plus efficace et celui qu'on devrait voir choisir le plus souvent.

En effet, les avantages du régime de la séparation de biens sont si peu discutés qu'on en a fait le remède suprême des situations compromises et désespérées. Pourquoi donc, au lieu d'en faire un correctif le plus souvent inefficace, n'en ferait-on pas un préservatif beaucoup plus salutaire.

L'innovation du régime de séparation de biens, envisagé comme régime de droit commun, n'est pas aussi hardie qu'elle peut le paraître.

Plusieurs législations étrangères ont déjà introduit cette conception dans leurs lois.

En Suède, par exemple, une loi du 11 décembre 1894 laisse à la femme l'administration de ses biens propres pendant le mariage et lui permet d'ester en justice en ce qui concerne ces biens.

Depuis 1860, le Danemark a apporté à son régime de communauté analogue au nôtre, une exception relative aux biens acquis par la femme avec le produit de son travail.

Il en est de même dans le nouveau Code civil de l'Empire allemand.

La loi anglaise de 1882 est encore plus hardie : elle établit chez nos voisins d'Outre-Manche la séparation de biens comme régime de droit commun ; elle consacre le principe de l'égalité entre les époux quant à la disposition de leurs biens.

Toutefois en France, il n'y a guère lieu d'espérer que cette forme de contrat devienne le régime normal et habituel de la France.

A l'heure actuelle, suivant les régions, le régime de la communauté avec ses modifications et le régime dotal sont les deux formes qui sont employées le plus fréquemment. La séparation de biens qui est l'indice d'une défiance complète de la femme à l'égard de son mari n'est qu'une exception.

D'ailleurs, quelle que soit la forme à laquelle, dans

le but d'éviter les dangers de l'hypothèque légale, où donne la préférence, il est clair qu'il est impossible d'imposer aux époux l'adoption d'un régime déterminé.

D'après la législation actuelle (art. 1387 et suiv., C. civ.), les époux sont libres de faire telles conventions matrimoniales qu'ils jugent convenables, pourvu qu'elles ne soient pas contraires aux bonnes mœurs et ne contreviennent pas à certaines prohibitions.

Une très grande latitude doit donc leur être laissée à cet égard.

Or, il est à craindre que les mœurs exerçant leur influence sur les décisions des époux, ceux-ci, au lieu d'adopter le régime que nous préconisons, c'est-à-dire la séparation de biens, ne continuent à faire d'une des formes qui sont le plus souvent employées en France à l'heure actuelle la base de leur union.

Il en résulte que le remède que nous indiquons comme devant obvier aux dangers de l'hypothèque légale, loin de pouvoir être imposé, ne peut être qu'un simple avis ou une recommandation aux époux, avis ou recommandation que ceux-ci suivront ou ne suivront pas suivant leurs tendances, leur état d'esprit, leurs mœurs et leur éducation.

Vu :
Le Président de la thèse,
M. PLANIOL.

Vu :
Le Doyen,
GLASSON.

Vu et permis d'imprimer :
Le Vice-Recteur de l'Académie de Paris,
GRÉARD.

BIBLIOGRAPHIE

Alban d'Hauthuille. — De la révision du régime hypothécaire.

Besson. — Les livres fonciers et la Réforme hypothécaire.

Challamel. — Rapport au nom du Comité de révision de la sous-commission juridique du cadastre sur les privilèges et hypothèques.

Clément. — Questions pratiques sur l'hypothèque légale de la femme mariée.

Decourdemanche. — Du danger de prêter sur hypothèque et d'acquérir des immeubles.

— Documents relatifs au régime hypothécaire publiés par ordre du Gouvernement.

Fabre. — Observations sur la Réforme hypothécaire française.

Fauvel. — De l'hypothèque légale de la femme sur les immeubles de communauté.

Fenet. — Recueil complet des travaux préparatoires du Code civil.

Flour de St-Genis. — Le crédit territorial en France et la Réforme hypothécaire.

Folleville (De). — L'hypothèque légale des femmes mariées devant la pratique.

Grasserie (De la). — Essai de projet de loi hypothécaire.

Persil. — Questions sur les privilèges et hypothèques.

Saint-Aubin. — Etude sur l'hypothèque légale de la femme mariée.

De Vatimesnil. — Rapport fait au nom de la Commission chargée d'examiner la proposition de M. Pougeard et le projet de loi présenté par le Gouvernement sur les privilèges et hypothèques, 1850.

Revue Thémis. — Dissertation sur le régime des hypothèques (Hennequin), t. 4, p. 352 et s.

Journal la Loi. — La Réforme hypothécaire, 6-7 novembre 1898.

Recueil critique. — Le projet de loi sur la réforme du régime hypothécaire (de Loynes), 1897, 2e série, t. 26, p. 229 et s., 360 et s.

TABLE DES MATIÈRES

Pages

INTRODUCTION 1

CHAPITRE PREMIER. — **Dangers de l'hypothèque légale
de la femme mariée** 25

§ 1. — L'hypothèque légale de la femme mariée est nuisible au mari et aux tiers 25

§ 2. — L'hypothèque légale protège insuffisamment la
femme mariée. 35

CHAPITRE II. — **Remèdes** 46

I. — *Remèdes aux dangers qui menacent les tiers.* 47

§ 1. — Doit-on supprimer l'hypothèque légale de la femme
mariée ? 47

§ 2. — Doit-on appliquer à l'hypothèque légale de la femme
mariée le principe de la publicité et de la spécialité 51

1° Proposition de MM. Dupuy-Dutemps, Brisson et Georges Leygues 65

2° Avant-projet de réforme présenté par la sous-commission juridique du cadastre 71

3° Projet du Gouvernement du 27 octobre 1896 75

II. — *Remèdes aux dangers qui menacent la femme.* 83

§ 1. — Doit-on doubler l'hypothèque légale de la femme
mariée d'un privilège ? 84

§ 2. — Doit-on remplacer l'hypothèque légale de la femme
mariée par un cautionnement ? 89

§ 3. — Doit-on accroître la capacité de la femme mariée ? 91

1° Régime dotal. 92

2° Séparation de biens. 97

Imp. J. Thevenot, Saint-Dizier (Haute-Marne)